KRISTY MOTTA

VALIENTES

PARA PERMANECER, CRECER Y AVANZAR

VALIENTES
Edición en español publicada por
Editorial Vida – 2019
Nashville, Tennessee

Este título también está disponible en formato electrónico.

© **2019 por Kristy Motta**

Editora en Jefe: *Graciela Lelli*
Edición: *José Mendoza*
Diseño interior: *Grupo Nivel Uno, Inc.*
Diseño de la cubierta: *Sandoval Design*
Fotografía de la autora: *Emiliano González*

ISBN: 978-1-40021-355-9

CATEGORÍA: Religión / Vida Cristiana / Intereses de la mujer

IMPRESO EN ESTADOS UNIDOS DE AMÉRICA
PRINTED IN THE UNITED STATES OF AMERICA

19 20 21 22 23 LSC 9 8 7 6 5 4 3 2 1

CONTENIDO

PARTE I
SECCIÓN DEL ARCO

PARTE II
SECCIÓN DE LA CUERDA

Las siete heridas de Jesús sanan todas nuestras heridas
Oración valiente

PARTE III
SECCIÓN DE LA FLECHA

DEDICADO A:

Todas las mujeres valientes que se han levantado o están por levantarse de los escombros de muchas generaciones.

Todas las mujeres valientes con la fortaleza de acero, pero con manos de terciopelo. A ustedes que se levantan de madrugada a preparar el desayuno, el almuerzo y las meriendas para su esposo y sus hijos, que con amor despiertan a los suyos con un beso, se lavan el rostro para ir a trabajar, estudiar, y regresan para volver a cocinar, servir la cena, limpiar la casa y preparar la ropa del día siguiente.

Todas las mujeres valientes que decidieron arrancar una nueva empresa a pesar de que todos les dijeron que no tenían lo necesario para lograrlo, y aún así lo intentaron y siguen haciéndolo.

Todas las que caminaron al altar con más ilusiones que conocimiento y dijeron sí al diseño divino.

Todas las mujeres valientes que siguen adelante aun con el corazón partido y los sueños rotos, pero que muy adentro del corazón late la esperanza de un futuro mejor.

Todas las mujeres valientes que resistieron la tentación y permanecieron fieles al Señor a pesar de sus deseos y sueños no cumplidos.

Todas la mujeres valientes que deciden poner pausa a sus sueños a favor de sus hijos; tengan por seguro que el tiempo de quitarles la pausa llegará.

Todas las mujeres valientes que dijeron ¡sí! a la vida, llevando flechas en sus vientres, y no se dejaron vencer.

Todas las mujeres valientes que aún están adentro de la tumba, pero que pronto saldrán...

Todas las mujeres valientes que leerán este libro. Las quiero incluso sin conocerlas porque mientras más me conozco más te conozco, y mientras más conozco a tu Hacedor y Creador, más amo el hecho glorioso de que eres mi hermana.

AGRADECIMIENTOS

Todo se resume en tu nombre, Jesús. Tú seguirás siendo mi alfa y omega, mi principio y fin. Tú eres quien resignifica toda historia.

Gracias a mi amada y hermosa madre, mi Gladys Villela. Todavía recuerdo el calor de tu regazo y el aroma de tu amor, ese regazo sigue estando listo para recibirme y tus manos para secar mis lágrimas. Gracias por acompañarme y haber sido la expresión de los brazos de mi Padre Celestial cuando no he podido más. Gracias por acompañar mi maternidad sin perder tu lugar de abuelita y respetar el mío de mamá, nos levantamos y te decimos: ¡Bienaventurada!

Papi, mi Carlos Motta. Tu optimismo y la alegría de tu corazón en todo momento me inspiraron a ver la vida desde una perspectiva diferente desde que era niña. Gracias por llevarnos a Cristo.

Hijitos míos, mis amados David Esteban y José Adrián. Mi primogénito valiente y mi segundo gran valiente. Ustedes son flechas en la aljaba del Guerrero Valiente. Yo solo soy su sierva y ayudante. Es mi honor más preciado ser su madre, sentir su aroma a fortaleza desde el amanecer hasta el anochecer. Es mi honor ser el público más apasionado por disfrutar la sinfonía de sus corazones, de sus sueños y carcajadas. Son hijos amados, deseados y soñados en la eternidad y para la eternidad. Los amo más de lo que mis palabras jamás podrán expresar.

Jorge Motta, mi hermano amado. Gracias por apoyarme tanto, tu ternura y nobleza son un recordatorio del amor de Dios, has sido un hermano mayor y un amigo. Te amo y bendigo.

Susy, Alejandro, Christa, Héctor y Javier Lavarreda Motta, hermanita, cuñado y sobrinos. Ustedes son un ejemplo de valentía divina, familia de guerreros valientes.

Vivi, mi hermana y amiga, bendigo tu corazón valiente y esforzado, no te has dado por vencida en la fe que te ha sostenido y con la que has sostenido a otros.

Gracias Robert y Patty Quintana, Juan y Anita Constantino, Lucas y Valeria Leys, Liz Jones, Linda Michieli, Bruce y Mary Calderon, Jacobo y Raquel Ramos. Son mi gente de Dallas, me abrazaron y fueron un hogar.

Pastores Castro, mi familia de Miami. Edwin y Mary, Adriana y Holman. Los amo.

Pastores Madrid, Rony y Nino. Gracias por su amor y cuidado en la temporada más dolorosa de mi vida. Han sido un regalo del Padre para mi hogar; sus vidas siempre serán un recordatorio de Su Gracia para mí.

Rodrigo y Carol Motta, hermano y cuñada, les amo y bendigo, gracias por haber estado en los momentos más cruciales de mi vida.

Gonzalo y Carolina Chamorro, su amistad, sabiduría y conocimiento le dieron vida a mi investigación. No podría expresarles lo mucho que los valoro y aprecio.

Yessi Valencia, mi maestra de tiro con arco, no olvidaré tu tiempo invertido en mí y tus dulces de jengibre. Gracias por tu cariño y profesionalismo.

Cristopher y Gina Garrido, ustedes y su hermosa hija me inspiraron vida desde el primer momento que les conocí. Gracias por creer en mi llamado e impulsar mi corazón con sabiduría y excelencia.

Graciela Lelli, gracias por creer en mí e impulsarme por más. Tu profesionalismo siempre será muy respetado y apreciado.

Yolanda Chavarría, mi querida amiga, *Valientes* es parte de tu corazón; fuiste una confirmación de Dios para este sueño. Siempre te bendeciré.

Selene Covarrubias, tu empuje y fe me inspiraron valentía y me llenaron de fortaleza divina, tú y tu hija son parte de esta historia.

Junior Zapata, la Biblia de tu mamá fue una compañera de batallas y un recordatorio poderoso a mi labor materna. Lloré, reí y soñé de nuevo gracias a ella.

Pepe Mendoza, desde el primer correo hasta el final del proceso me bendijo tu silenciosa pero punzante sabiduría y respeto. Te respeto de vuelta y agradezco mucho tu lectura con el corazón.

David, eres parte de este libro. Siempre te bendeciremos.

INTRODUCCIÓN

——————— ¡Tú eres valiente! ———————

Ya sea que reacciones a esta afirmación diciendo: «¡Sí, así es, lo soy!» o «...espero serlo algún día», ambas son excelentes respuestas para iniciar este camino juntas.

Empecemos definiendo qué es la valentía.

La valentía es una virtud divina que se manifiesta en el valor, coraje y la determinación al enfrentarse a las circunstancias difíciles, arriesgadas y desafiantes de la vida; es la fortaleza para no claudicar ante las amenazas, sino vencer la oposición hasta llegar al destino deseado.

La palabra «valentía» nos lleva a un sin fin de imágenes asociadas con esa palabra, tanto de héroes y heroínas que consideramos valientes, como de acciones y características de esa virtud. Sin embargo, algunas de ellas están muy alejadas de la verdadera concepción de la valentía al estilo de Dios. Mientras avancemos nos daremos cuenta de que ser valientes desde la perspectiva de Dios no es una característica limitada a unos cuantos, sino una dádiva divina que se sustenta en Él mismo, quien la colocó en nuestro diseño.

Es nuestra respuesta a una orden, un acto de obediencia a un llamado divino, nuestra respuesta positiva a confiar en Él, una verdad que se sustenta en la realidad de que Dios mismo, quien posee todo el poder y la capacidad de enfrentar cualquier circunstancia nos dice: «¡Sé valiente porque Yo estoy contigo!». Es decir, nuestra valentía no está sustentada meramente en nuestras capacidades y emociones humanas, sino en la soberana voluntad perfecta de Dios; Él no te ordenaría hacer algo para lo que no fuiste diseñado.

> «Ya te lo he ordenado: ¡Sé fuerte y valiente! ¡No tengas miedo ni te desanimes! Porque el SEÑOR tu Dios te acompañará dondequiera que vayas». (Josué 1.9)

En otras palabras, la antesala de la manifestación de la valentía es sentir temor y estar a punto de desmayar. Cuando sentimos temor y experimentamos grandes riesgos es el momento de responder con valentía. Josué sentía temor, pero sabía a quién se debía, sus miedos e incertidumbres eran silenciados, y su valentía era sustentada por la confianza en Aquel que estaba con él. Josué sabía quién era, sabía que había un destino, una promesa, un plan perfecto, y por eso caminaba con valentía. La cobardía es y será la carencia de identidad, de propósito y de fe. Yo he sido cobarde cuando mi confianza en Él ha menguado y se ha apoderado de mi corazón el temor y la inseguridad. Por el contrario, he sido valiente cuando mi confianza en Él crece y me aferro al plan maestro que contiene todas Sus promesas, y así sigo avanzando al destino diseñado para mí.

Las mujeres valientes no son las más fuertes o las más seguras con respecto a lo que se debe hacer. Tú y yo nos convertimos en mujeres valientes cuando damos pasos hacia lo desconocido y avanzamos con fe hacia un destino que para nosotras es incierto, pero que está sustentado por la confianza en que Él, Dios mismo, ha dicho que estará con nosotras hasta el fin. Eso significa que estará con nosotras para enfrentar los desafíos que amenazan nuestra identidad, nuestra fe, nuestra familia, nuestra vida, creencias, salud, estabilidad, seguridad, etc.

No necesitamos ser perfectas para ser valientes, necesitamos ser valientes porque no somos perfectas. El mundo no es perfecto; las personas, las relaciones, los proyectos, los empleos, los puestos, las iglesias y los líderes no lo son. Por lo tanto, lo que más necesitamos es ser imperfectamente valientes, comprendiendo que esa valentía estará sostenida en Él y por Él.

Las mujeres siempre hemos sido bombardeadas con ideas y estándares de perfeccionismo capaces de limitar y coartar nuestro avance. Frases o conversaciones que inician desde la infancia como: «... cuando seas grande lo lograrás», «cuando estudies lo suficiente», «cuando no seas tan llorona», «cuando adelgaces», «cuando engordes un poco, eres muy flaca», «cuando leas más la Biblia». Cuando ores más, cuando, cuando, cuando... en otras palabras aún no eres «tan perfecta como para lograrlo».

Mujeres, es tiempo de empezar a enseñar y modelar una feminidad valiente sustentada por Él, por Dios que nos dice que estará con nosotras, sustentada por la obediencia a Su Suficiencia y no por nuestros estándares de perfección que demandan «autosuficiencia». Ser valientes es un acto descarado de obediencia a Dios. Un avance sostenido a causa de responder al llamado constante de Dios a ser fuertes y valientes, sin limitarnos por nuestro género a estándares humanos corrompidos por la vanidad y las exigencias que nada tienen que ver con la manera en que el Padre Celestial ve a sus hijas: Él nos ve valientes, y no necesitamos ser perfectas para ello.

Precisamente porque vivimos en un mundo alejado de Dios, lleno de pecado y maldad, de injusticia e impiedad, es que necesitamos hablar sobre valentía divina, valentía a la manera de un Dios que conoce nuestras limitaciones y debilidades y por eso nos llama para que nos baste Su Gracia, y Su poder se perfeccione en nosotras, de tal manera que conquistemos ese destino preparado de antemano por Él para nosotras, confiando en que nos proveerá del poder que se requiere y del esfuerzo y coraje para entrar y poseerlo.

Yo creo que todas las mujeres somos valientes en esencia, porque quien nos diseñó nos hizo de tal manera, que al entrar en relación profunda con Su Amor manifestado en la obra de Jesucristo a nuestro favor, esa valentía se despertará en nosotras en medio de los momentos más turbulentos de la vida. No estás diseñada para ser cobarde, la cobardía es una falsa identidad que abrazamos y que nos aleja de las promesas de Dios. Por eso, si quieres experimentar toda la valentía que llevas dentro necesitas postrarte delante del Señor, rendir tu vida a Él, responderle y abrazar con confianza Su perfecta compañía.

Yo aún tengo temores por conquistar y, sin duda, enfrentaré muchos más riesgos y peligros. Ellos son un recordatorio de los lugares y las áreas de mi vida que todavía deben ser inundados con Su Perfecto amor porque solo cuando Dios mismo activa nuestra valentía tendremos la fuerza para echar fuera todos esos temores y sus expresiones tales como la ansiedad, depresión, el desánimo, la apatía, inseguridad, desconfianza, pereza, soberbia, el orgullo, perfeccionismo, enojo, la frustración y muchos otros parecidos a ellos. Echemos fuera todo eso hasta conquistar todo el territorio, tanto interior como exterior, asignado por Dios a nuestras vidas y a nuestras familias. No fuimos diseñadas para vivir en dolor y vergüenza, fuimos diseñadas para vivir en plenitud y gozo porque este es el resultado de su obra de salvación y del hecho de que ahora podemos vivir en Él y para Él.

Algunas hemos dejado de lado el descubrir todo el potencial que llevamos dentro, sea cual sea la razón; si estás leyendo este libro es porque Dios está haciendo un llamado a tu vida para que empieces o continúes en ese proceso maravilloso de conocer Sus planes para ti.

A ti mujer, hija, amiga, hermana, madre, esposa, cualquiera que sea tu temporada de vida o la suma y combinación de todos tus roles; estás llamada a ser quien Dios te diseñó para ser, en plenitud, sin mentiras que limiten la libertad de Dios para tu vida, y eso requerirá valentía, porque cada etapa de tu vida traerá consigo diversos cambios y desafíos, algunos esperados, otros inesperados, pero todos y cada uno de ellos demandarán esfuerzo. Tú estás diseñada de forma perfecta por Dios para existir conforme al propósito y el significado que ha destinado para ti.

No es la voluntad de Dios que digamos: ¡Dios, me olvidé de lo que Cristo hizo por mí!... dejé de conocerte y me olvidé de trascender porque tenía mucho dolor y angustia, fue muy dura mi vida, además tenía mucha ropa que lavar, muchos pañales que cambiar, mucho que estudiar, muchos negocios que cerrar, muchas personas que cuidar, mucho miedo que enfrentar... No hay excusa válida para dejar de lado el cumplimiento de la voluntad de Dios en nuestras vidas. Por eso se requiere de valentía y esfuerzo, porque podrá ser difícil, pero nunca imposible. Sin embargo, debo recordarte que las circunstancias difíciles, los desafíos, los riesgos y las amenazas son los activadores, los despertadores por excelencia de esa trascendencia que llevas dentro. En esos momentos se produce el esfuerzo interior con el que Dios despierta nuestro sentido eterno de trascendencia en lo más profundo de nuestro ser.

Somos despertadas a través del dolor, a través de ese estado de alerta que produce el temor. Entonces puedes decidir quedarte petrificada, inmóvil, o puedes reaccionar a la verdad de una realidad eterna, a la esperanza viva, a la vida en Cristo, a tu verdadera identidad, tu verdadero destino. Al despertar comprenderás que lo que se rompió, lastimó, destruyó, cambió, perdió o murió se convierte en la oportunidad en la que Dios se revelará a tu vida y te llevará a reconocer una y otra vez que estás diseñada para trascender. Por lo tanto, tu valentía tiene como propósito llevarte más cerca del Señor, a sus promesas, a su obra de redención a tu favor, a vivir eternamente con Él y para Él. Cualquier suceso doloroso en nuestras vidas no es el final de la historia. Acaso no dijo Jesús: «Yo soy la resurrección y la vida; el que cree en mí, aunque esté muerto, vivirá» (Juan 11.25).

Al ver la portada de este libro, posiblemente pensaste: *¡Qué libro tan interesante!*. Y quizás te preguntaste: «¿Qué tendrá que ver el arco y la flecha con el título?». Mmm... ella no se ve como una arquera, y para ser la princesa Mérida de la película, le faltan los rizos y la cabellera rojiza. Tienes razón, me faltan los rizos rojizos. Sin embargo, la valentía sobre la que escribiré poco tiene que ver con rizos y princesas de cuentos de hadas y películas, pero sí mucho que ver con la vida cotidiana de una mujer como tú y como yo. Por esa razón, el blanco, el arco, la flecha son parte de mi historia y verás como son parte de la tuya también. Somos mujeres reales que debemos vivir la valentía diaria; mientras escribo esto, tengo ropa en la lavadora, verduras y pescado en el horno, quinoa y pollo en la estufa, todo para tener una semana de comidas saludables, mientras mis hijos están jugando y saltando en el jardín, y los veo por la ventana. Es decir, si de algo se trata esta valentía es de la vida real, del desafío diario mientras caminamos nuestra realidad humana, nuestra vida, una vida que solo nosotras podemos decidir cómo vivir; no podemos controlar todos los sucesos, pero sí podemos decidir nuestra reacción ante ellos.

— ¿Por qué un arco, una cuerda y la flecha? —

Desde niña tuve un gusto especial por las flechas y los arcos, me transportaban a las escenas de Robin Hood y las historias de valentía y pericia para defender a los desvalidos con el coraje y la fuerza que le hacían tan diestro para acertar al blanco. ¿Quiénes no disfrutamos de *Braveheart* [Corazón Valiente]?, la película por la que suspirábamos todas las niñas y jovencitas al ver a Mel Gibson personificando a William Wallace, quien se enamora de su amiga de infancia Murron, una escena de amor y belleza. Sin duda, algo dentro de mí se inspiraba al verlo, mi corazón femenino latía a mil por hora, pero también mi corazón se inspiraba a luchar por las causas valiosas. Los arcos y las flechas siempre me inspiraron, ellos se vinculaban a este tipo de películas épicas, con historias profundas en las que se luchaba por una causa mayor, una sublime, una real. Soy madre de dos poderosos varones, así que cuando estrenaron la película *Brave* [Valiente], de Walt Disney Picture y Pixar Animation Studios, pasó un buen tiempo antes de que mi hijito mayor, que en ese entonces tenía tres años, me permitiera terminar de verla; siempre que me disponía a verla, se nos atravesaba un carrito rojo que era su pasión, creo que la mayoría de las madres de varones sabemos qué es tener nuestra casa llena del Rayo Mcqueen. Así que cuando por fin la vi, lloré y me inspiré, y recordé mi gusto y deleite por las flechas y los arcos. Es curioso cómo dejamos de lado elementos tan emblemáticos de nuestros deseos de infancia, y muchas veces ellos guardan grandes mensajes que Dios utiliza para volvernos a hablar.

Cuando inicié la escritura de este libro, Dios me habló a través del salmo 127.4: «Como flechas en las manos del guerrero son los hijos de la juventud». Había estudiado este versículo desde mi perspectiva como madre de dos hermosos varones. Había internalizado en mí la responsabilidad de «lanzarlos» correctamente y ser intencional y cuidadosa en dirigirlos hacia el destino de Dios para ellos, pero no había comprendido lo que te compartiré ahora.

Estaba destrozada, muy atemorizada y angustiada por el suceso que había acontecido y por el desafío que debía enfrentar desde ese momento, pero mientras lo leía Dios me detuvo y me dio un nuevo significado para aplicarlo de manera personal en aquel momento de mi vida. Él me preguntó: «¿Quién es el arquero en tu vida Kristy?». Honestamente no lo había pensado. Solo me había visto a mí misma como una madre guerrera que tuvo hijos en su juventud. Fue entonces que comprendí lo que Dios quería enseñarme de manera personal respecto a este versículo y quisiera compartírtelo con cariño porque puede ser de inspiración para ti como lo ha sido para mí.

Cuando Dios me habló al corazón y me dijo: «Yo mismo soy El Guerrero Valiente», mi angustia por ser «buena arquera» de mis hijos fue transformada en profunda paz. En otras palabras, Él es el arquero por excelencia. Mis hijos y yo somos suyos; por lo tanto, somos sus flechas. Yo pude ver en mi reflexión que el Señor cuenta con un arco y una cuerda para lanzar sus flechas y que estos elementos pueden representar toda la estructura y los procesos de la vida que, al ser sostenidos y dirigidos por las manos y brazos fuertes del «Arquero Perfecto», colaborarán para lanzarnos al destino que Él planeó para nosotras, tanto en nuestro paso por la vida temporal y terrenal, como hacia nuestra vida eterna y celestial. Nuestra esperanza viva nunca debe estar determinada por nuestros años en la tierra, sino que se basa en la poderosa esperanza de que somos suyas, hemos sido hechas hijas suyas por la obra de Jesús en la cruz del calvario, eternamente y para siempre.

Para dejarnos lanzar por Dios, el verdadero y único arquero perfecto, necesitamos confiar y soltarnos en sus manos, dejar que Él tire cuanto deba ser necesario de esa cuerda. El estiramiento de la cuerda, la flexibilidad del arco y la fuerza con la que esa flecha será lanzada dependerán de la pericia del arquero. Entonces, podremos ser dirigidas por el impulso y la fuerza que todo ese proceso de tensión y estiramiento están generando y conteniendo como una tremenda fuerza impulsadora. Una energía que está siendo acumulada en ese estiramiento para que en el momento preciso que Él decida, nos lance con tanta fuerza y con tanta claridad hacia ese objetivo eterno. Él no fallará, todo es de Él y colaborará con Él si está en Sus manos; suyo es el arco, la cuerda y las flechas.

Mientras la flecha va en su trayectoria hacia el blanco, solo debe dejarse llevar por la dirección que el arquero ha dispuesto, su pericia hará que todo funcione a su favor. Si la flecha no va recta en estado «muerto», es decir, solo dejándose llevar por la pericia del arquero, quien ha considerado todos los elementos y circunstancias alrededor, entonces podría desviarse de la trayectoria y limitar el impulso de las fuerzas que están interactuando para alcanzar el blanco previsto por el arquero.

La tensión de la cuerda para impulsar la flecha representa el proceso de crecimiento en nuestras vidas, esa fase del proceso de «muerte». La flecha es el instrumento que pega en el blanco producto de la pericia del arquero y su amplio conocimiento de la realidad circundante; esta flecha tiene un propósito que se cumple, pero el único ganador es el arquero. Una flecha no podría creerse el centro de toda la victoria. La gloria del tiro es para el arquero, nunca para la flecha.

El arco y la cuerda representan en mi reflexión las circunstancias, los escenarios, los procesos y las acciones que te impulsarán a ti como flecha lanzada por un arquero que sabe cuál es tu destino. Si la flecha quisiera ser el arquero o desestimara su conocimiento y pericia, sin duda tendría serios problemas de funcionalidad y, por lo tanto, podría impedir que llegue a algún blanco.

El arco representa para mí los sucesos de la vida ante los cuales debemos permanecer firmes luego de que hemos comprendido que esto solo es posible si el Arquero nos sostiene ante la inminencia de esos sucesos, durante y a través de ellos. La cuerda representa para mí el estiramiento que debes sufrir, el proceso de crecimiento que debes vivir y que puede incluir las pérdidas temidas. Sin el estiramiento de la cuerda no podría ser lanzada la flecha, de esto depende el avance de la flecha y el progreso del tiro. Por eso la flecha representará nuestras vidas, pero vidas que han sido resucitadas por Dios en ese lanzamiento.

La verdadera valentía divina es el resultado de todo este proceso de vida, muerte y resurrección en Cristo; el resultado del suceso, proceso, progreso y, finalmente, de permanecer y crecer para avanzar. No estamos hablando de avanzar en cualquiera de nuestros proyectos, aunque los incluirá, sino que nos referimos al avance integral de la vida, no solo la pasajera, sino la eterna. Estoy representando nuestro avanzar hacia un destino supremo que nos espera por la eternidad.

Si observas un arco y su flecha siendo dirigida hacia el cielo de forma vertical, notarás que cada vez que tiras de la cuerda para colocar y anclar la flecha se formará una letra V. Claro, si este arco estuviera apuntando a un blanco en la tierra de forma horizontal el signo que realmente se formaría sería este: «<», el signo de «menos», pero todo cambia al apuntar hacia el cielo. El signo de menos, del mero esfuerzo horizontal, se convierte en una **V** de valientes, una **V** de victoria. Como puedes notar, todo dependerá de hacia dónde apuntes. Yo quiero que mi «menos» se convierta en «más».

Si tuviese que dibujar una gráfica de los procesos de crecimiento en la vida de los seres humanos, haría una letra **V**. Unas veces arriba y otras veces abajo. Quisiera que lo imagines conmigo y que dibujes una letra **V**, ya sea en tu mente, con tu dedo en el aire o en un pedazo de papel. Iniciarías por la parte superior izquierda, luego bajarías, y finalmente subirías. Hazlo si deseas en este momento, yo aquí te espero.

¿Ves? Arriba, abajo, arriba. ¿No te parece familiar ese movimiento? Yo diría que es la danza de la vida cotidiana de un simple mortal. Unas veces arriba, otras abajo. Arriba, abajo; en fin, sabemos lo que esto significa. Por esa razón utilizaré este diagrama de **V** para compartir contigo el aprendizaje que Dios me permitió tener en uno de los procesos más difíciles de mi vida y que, con el paso del tiempo, se ha convertido en toda una enseñanza de ayuda, sanidad y restauración emocional, espiritual y física.

Iniciemos con una breve explicación y veamos la gráfica:

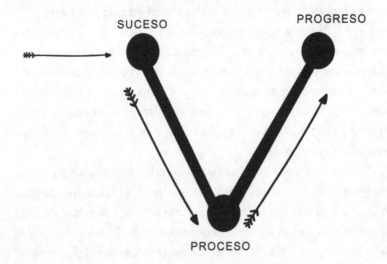

SUCESO   PROGRESO

PROCESO

El punto de inicio de nuestro trazo de la letra **V** lo denominaremos «suceso». Con esta fase me estoy refiriendo al periodo en el que vivimos algo inesperado, positivo o negativo, una crisis, un cambio drástico o simplemente un gran éxito. Lo cierto es que en este periodo es necesario permanecer en la verdad. Es decir, mantenernos firmes y no rendirnos. Esta fase estará representada de forma gráfica por el arco. Un arco requiere del sostenimiento firme para cumplir con su función; debe permanecer apuntando hacia un mismo lugar y dirección. En la fase inicial, al enfrentar un suceso inesperado, se requiere de permanencia por parte nuestra porque en ese momento se pone a prueba todo: nuestra identidad, fe, carácter, convicciones, valores, emociones, salud, economía, relaciones y proyectos. En los tiempos de mayor tensión se revela lo que es permanente, verdadero y eterno y, a su vez, lo que es falso, superfluo y efímero. Así que la fase de permanencia es el punto de inicio en este desafío de valentía divina.

Continuemos la danza de la letra V. Inicia el descenso por la línea inclinada izquierda que se precipita hacia el punto más bajo al cual denominaremos la fase de «crecimiento». Es decir, el «proceso». Esta fase estará representada de forma gráfica por la cuerda. En este periodo requerimos crecer. Este es el tiempo de mayor estiramiento, desgaste y, desde una perspectiva más profunda, emocional y espiritual, este proceso requiere «muerte». Esta palabra es muy incómoda, no hay manera que desde una perspectiva humana tenga alguna implicación gratificante; sin embargo, desde la perspectiva de Dios, nos referimos a la muerte que da vida, la vida eterna, la vida plena. No me quiero adelantar, así que continuemos por la siguiente fase.

Podemos continuar por la línea inclinada ascendente que denominaremos la fase de «avance». Es decir, el tiempo de progreso. Este estará representado gráficamente por la flecha. Es el periodo en el que veremos y experimentaremos el avance que requerirá el milagro transformador de la resurrección. Es entonces cuando nos damos cuenta de que la verdadera manera de vivir no solo es sobrevivir, sino existir con sentido de eternidad; es decir, haber experimentado la muerte de cruz que trae resurrección y verdadera vida eterna.

A medida que vayamos juntas por estas páginas, verás cómo todo en nuestras vidas ha tenido un propósito mayor y más profundo del que quizás habías logrado percibir. Podrás ver cómo se revela el propósito divino de todos los procesos que has vivido. El avance que todas deseamos no es producto de una «recuperación» cosmética o meramente psicológica, sino de un avance espiritual sustentado en la resurrección de Cristo. Dios no desea que sobrevivas, Él desea que vivas en plenitud.

Juntas veremos cómo estas tres fases: vida, muerte, resurrección; suceso, proceso y progreso; permanecer, crecer y avanzar son una forma de vida, una libertad continua y gradual que nos lleva a mayores avances desde lo profundo de nuestro ser y, por lo tanto, se manifestará en sanidad y libertad creciente, constante que es más real de lo que podemos imaginar.

Donde sea que te encuentres en este momento, puedes estar mejor; caminemos juntas durante la lectura de este libro, experimentaremos a Dios Padre llevándonos de la mano en un proceso como el de Su Hijo Amado Jesús: vida, muerte y resurrección; un proceso restaurador desde tu espíritu, alma y cuerpo. Juntas escribiremos una nueva historia de mujeres Valientes que permanecen, crecen y avanzan.

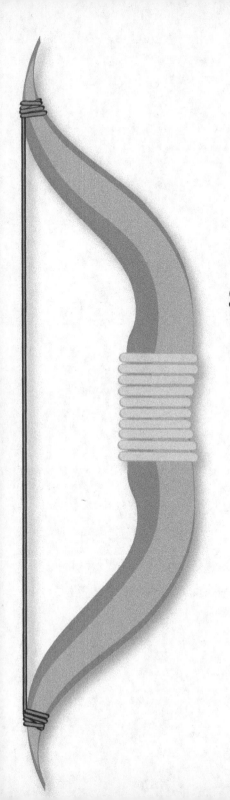

PARTE I

SECCIÓN DEL
ARCO

Capítulo 1

VALIENTES:
LAS QUE PERMANECEN

———————— Diario de una arquera valiente ————————

Estoy muy emocionada, empecé a recibir clases de tiro de arco y de esta manera cumpliendo un sueño de infancia, siempre amé los arcos y las flechas, así que dar este paso está siendo muy significativo para mí.

Dios ha empezado a hablarme en medio de las clases; creo que además de tener efectos terapéuticos en mí, están siendo un mensaje constante de Dios para mi corazón, mis manos, mi mente, mi vista, mis pies, mis piernas y mi cerebro. Yessenia Valencia, es el nombre de mi maestra, no tiene idea de lo que sucede en mi corazón mientras ella me da las instrucciones a medida que avanzan las clases.

En la primera clase, mi maestra me dijo:

—Kristy, hablaremos de tu postura: debe ser la correcta, el éxito del tiro dependerá de que estés firme y permanezcas en la línea de tiro bien posicionada, cada pie al lado de la línea de tiro, el pie izquierdo en dirección al blanco, el peso de tu cuerpo bien distribuido en los dos pies. Debes pararte derecha, sin tensión, relajada, pero con una postura correcta. Tu rostro debe girar en dirección al blanco, no puedes desenfocarte del blanco, la posición de tu cuerpo no está enfrentando el blanco, está perpendicular a él, porque tu espalda trabajará hacia él, todo tu cuerpo responderá a la orden que le des en el momento justo. Lo siguiente es que debes estar firme y permanecer, pero no en tensión, sino relajada. La primera etapa, luego de aprender a pararte para realizar un buen tiro, es que tu cuerpo se relaje para seguir hacia un movimiento fluido, continuo, suave y parejo, de lo contrario fallarás. Tirar es cuestión de confiar, no de autosabotearse debido al miedo. Ahora debes tomar el arco con tu mano izquierda; empuñando el agarre del arco que se encuentra en la parte más hundida, debajo del corte central de este, se sostiene y apoya el arco en la parte central de tu mano, no se agarra con tensión, sino se sostiene en lo que llamamos el centro de la mano o la línea de la vida.

Mientras yo la escuchaba y seguía las instrucciones, pensaba en los sucesos que había tenido que enfrentar en los últimos meses de mi vida. Recordaba aquel suceso que me ha llevado a través de este proceso y en dirección al progreso que Dios ha establecido para mí, como esa flecha que ahora no solo veía conectada a mis deseos y sueños de infancia, sino tomando un propósito y perspectiva diferentes.

Yessi finalizó diciendo una frase que me impactó, en realidad se la dijo a un alumno, pero yo la escuché y la tomé para mí:

—¡Ey! no te olvides de tratar con cuidado tus flechas, ellas son resistentes, pero a su vez deben ser tratadas de acuerdo con su propósito, están hechas para ser lanzadas con el arco, no para golpear cosas; se tuercen por los golpes, y una flecha torcida jamás dará en el blanco.

Me llegó a lo profundo del corazón. Sin duda, tal como una flecha, los golpes habían sido demasiado duros, debía ser enderezada para ser lanzada al blanco.

—— Valiente ante el suceso que cambió todo ——

Viernes, cenando en casa de unos viejos amigos, yo no sabía qué era mejor: si la conversación, las risas o preparar la comida. ¡Cuán hermoso momento! La amistad siempre ha sido uno de los tesoros más preciados de mi vida.

Al fin, la cena servida en la mesa; exquisito aroma a cariño, a franqueza, a honestidad en casa de esta familia querida. Esos amigos que solo el cielo puede dar. Entre pláticas y bromas brotaban las carcajadas. Entre amigos, las carcajadas son una sinfonía de alegría.

Pantalla abajo, mi celular ronroneaba contra la mesa. No importa la bulla, el insistente sonido de un teléfono vibrando siempre romperá el hilo más fuerte de cualquier conversación. Incesantemente demandando mi atención, ya molesta, lo tomé y le di la vuelta para atender la impaciente urgencia. La hora me ha quedado sellada en la memoria para siempre: 8:30. ¿Quién podía necesitarme tan urgentemente un viernes en la noche? ¿No sabían que estaba feliz comiendo con mis amigos? ¿Mis hijos acaso? No podía ser, minutos antes había hablado con mi mami y ellos ya estaban dormidos.

Nadie llamaba. Era un catarata de textos imparable. En la pantalla solo corrían los mensajes uno tras otro, luego otro y luego otro. No paraban.

Apenas pudiendo leer las primeras palabras de cada mensaje, tuve que sostenerme bien para no perder la compostura. Tenía que entender bien si estos mensajes eran para mí, aunque por el tono y la descripción, pensé por un segundo que eran para alguien más y estaban llegando al destinatario equivocado.

Después de unos intentos, logré abrir el primer mensaje. Lo que sucedió luego es la historia más dolorosa de mi vida, ¡por segunda vez! Los mensajes saltaban de la pantalla como garras oscuras rompiéndome el pecho para apretar mi corazón hasta dejarlo sin vida. Dicen que una bofetada nunca mató a nadie; esta fue tan dura que me sacó el alma.

Abrí el primero y ya no había duda, cada texto era un puñal en mi corazón. Cada información me despojaba la vida y la esperanza; eran frases que me desgarraban el alma, traspasaban mi corazón y me robaban el aliento. No, no había duda; todo estaba allí. La verdad, una verdad para la que nunca me preparé; la historia que nunca imaginé. La historia que pensé nunca volvería a suceder. ¿Cómo podía volver a pasar? Dios le había brindado Su Gracia y restauración. Contuve el aliento. No sabía a ciencia cierta qué debía hacer.

Él allí, frente a mí; al ver mi rostro supo que no había nada más que hacer. Su teléfono también sonó; el teatro había llegado a su final. Las lágrimas corrían por mis mejillas como río sin cause, las palabras no encontraban salida. Todo fue dolor en esos segundos. Nuestros amigos, quienes nos habían acompañado en los últimos trece años de ministerio, solo lloraron. Ellos ya habían vivido esto en el pasado junto a mí, así que no hubo necesidad de preguntar, al ver mi rostro y ese tipo de lágrimas, sabían de lo que se trataba, habían acompañado mi dolor la primera vez, y fue claro para ellos. La historia solo se repetía de una manera más dura y cruel. ¡No! ¡No! No podía ser que así terminara todo; no podía ser que el milagro que tanto esperaba no llegara. Todas las pruebas estaban allí, frente a mí. Había vuelto a pasar.

Un segundo adulterio. Años de engaño, pero esta vez con mi amiga querida, mi amiga de confianza y ayuda en el ministerio de mujeres, la esposa del pastor de jóvenes de la congregación que dirigíamos. Sé lo que es sentir que sigues vivo pero que la vida te ha dejado. Por segundos, sentí: ¡Padre mío, por qué me has abandonado! Son segundos oscuros en los cuales te pasa la vida por delante y te preguntas: ¿qué pasó? ¿Es esto una pesadilla? ¡Despiértenme, por favor!

En una noche todo cambió para mí, para mis dos hijos y para una congregación completa. Perdí todo. Sí, todo por lo que había luchado los últimos quince años de mi vida. Y entonces fue que comprendí:

«Hasta que Él es todo lo que tienes,
te das cuenta de que Él es TODO lo que necesitas».

En ese preciso momento de la verdad, esa verdad que anhelaba fuera una mentira, sentí los brazos de mi Padre Celestial diciendo: «Se terminó. Yo estoy aquí y una vez más he alzado el rugido de León por mi cría, por mi hija. Llora mi pequeña, Yo estoy aquí». Realmente comprendí por qué siempre me había sentido tan identificada con el personaje de Lucy Pevensie en la maravillosa heptalogía de C. S. Lewis *Las Crónicas de Narnia*. Me sentí siendo protegida por El León.

Luego de un momento de sentir que la razón se me iba, escuché en mi corazón la voz de Dios que me indicaba 1 Pedro 4.19 (RVR1960): «De modo que los que padecen según la voluntad de Dios, encomienden sus almas al fiel Creador, y hagan el bien».

Me aparté a una habitación y entre agonía, dolor y desesperanza, leí el texto bíblico. *¡Quién en su sano juicio quisiera leer un texto bíblico en un momento como este!* Pensé, pero allí estaba yo, intentando no perder la razón, y en lo profundo de mi ser solo escuchaba: «Yo estoy contigo». Cuando leí el texto en mi teléfono celular, sentí que mi Padre Celestial me decía: «Estás padeciendo. No será fácil, aún falta. Pero estás adentro de mi voluntad. No te salgas. Ahora te toca encomendar tu alma que llorará y sufrirá mucho, pero debes mantenerte haciendo el bien. Seré Yo por ti. No hagas nada en contra de nadie. Fija tu mirada en mí».

> «Hasta que Él es todo lo que tienes, te das cuenta de que Él es TODO lo que necesitas».

Los días siguientes fueron demasiado dolorosos; cargar mi pena, cuidar el corazón de mis hijos, ser responsable de una congregación y hacer la correcta gestión para que el daño causara la menor cantidad de estragos. Finalmente, fue todo un milagro que la mayor parte de la congregación fuera acogida y cobijada por una iglesia saludable y pastores amorosos. Bendito cuerpo de Cristo que sanó la parte del cuerpo enfermo y golpeado por el pecado a través del resto del cuerpo sano. Mis benditos pastores Rony y Nino Madrid, junto a mi hermano mayor Rodrigo Motta, su esposa Carolina, Ricky Marroquin y toda la Iglesia Vida Real, fueron pastores en todo el sentido de la palabra, para mí, mis hijos y la congregación que había sido herida.

Un mes después viajé hacia Dallas, Texas, para pasar un proceso de sanidad en la Iglesia Gateway. Los pastores Robert y Patty Quintana, Liz Jones, Mary y Bruce Calderón, Juan y Anita Constantino, Linda Michieli, Lucas y Valeria Leys y muchas personas más, fueron Sus brazos amorosos. No puedo expresar más que honra y gratitud para esta maravillosa congregación que se constituyó junto a la Iglesia Vida Real en Guatemala, en los lugares donde inició la resurrección milagrosa de mi vida. Cuando el avión comenzó su ascenso, allí estaba yo, finalmente sola; mis hijitos habían quedado al cuidado de mi bendita madre, Gladys, y mi hermano mayor, Jorge.

Estuve en silencio por unos segundos; respiré fe,[1] exhalé y me derrumbé a llorar como una niña. Iba sola en mi fila, así que literalmente lloré sin ninguna reserva. Cuando me pude contener, solo le hice una pregunta a mi Padre: «Solo dime, ¿cómo me voy a recuperar de esto? ¿Existe recuperación para esta traición y para la vida que tendré que enfrentar junto a mis hijitos?». Lloré, lloré y lloré. Dulcemente pero con mucha firmeza, Él me contestó: «No te voy a recuperar. te voy a resucitar; tu corazón fue traspasado. Mi plan para ti se llama: Resurrección».

A partir de ese día he experimentado el poder de la resurrección trayendo vida a mi corazón, hijos, familia, ministerio, sueños y proyectos. ¿Cómo? Te lo compartiré en los capítulos siguientes.

La siguiente fue una instrucción muy simple, pero no imaginé lo profunda que sería; resultó la guía con la que Él despertó mi valentía en medio del temor, la inseguridad y la desesperanza. Me tomó tiempo procesar y vivir la amplitud de cada frase, pero comprendí que esta sería toda una forma de vida. Me dijo:

«Sé valiente para soltar lo que te pido,
sé valiente para abrazar lo que te doy,
sé valiente para no juzgar a otros y
sé valiente para vivir solo para mi aprobación».

Esta instrucción fue y ha sido mi guía para enfrentar uno de los sucesos más dolorosos de mi vida. Ese suceso que no estaba en mi guion ni en las expectativas del milagro por el que por años había orado y luchado.

Mientras escribo, pienso principalmente en mis hijos que aún son pequeños. Ellos leerán este libro en algún momento, y cuidar sus corazones forma parte de la valentía que me impulsa a compartir mi historia; decir lo suficiente para dar vida, pero no demasiado que pueda dañar. Hago la salvedad que comparto esta historia con la autorización de su padre, quien fuera mi amado esposo por quince años.

Contar esta historia es un acto de vulnerable valentía con el único objetivo de dar vida; dar esperanza en medio de las realidades de un mundo cruel y despiadado. Creo que hay muchas mujeres que sufren solas por temor, vergüenza, orgullo, o por amor a sus hijos y una genuina prudencia, pero que de igual manera las deja aisladas de una ayuda liberadora y sanadora. Al pasar el tiempo se dan cuenta de que no era verdad el dicho: «El tiempo lo cura todo». Al contrario, se dan cuenta de que fueron muriendo de a poco y ahora se encuentran con una vida que ha pasado y se ha malgastado en rencores, dolores y amargura. Para todas aquellas que sufren solas, ya sea por razones legítimas o ilegítimas, lo que Dios tu Padre anhela para ti es una vida de resurrección y vida abundante.

> *«Sé valiente para soltar lo que te pido, sé valiente para abrazar lo que te doy, sé valiente para no juzgar a otros y sé valiente para vivir solo para mi aprobación».*

No es fácil caminar por estos acontecimientos; no lo será porque es un gran desafío. Yo misma comprendo el grado de entereza espiritual que requerirá en cada fase de la vida, tanto la mía como la de mis hijos. No escribo este libro pretendiendo ser un ejemplo de superación. Pretendo apuntar a una esperanza que es viva y eterna. Pretendo inspirarte por Su Palabra y Su amor a dar el paso de activar la valentía espiritual, emocional, física, financiera y relacional que solo se encuentra en la verdad eterna de Jesús y de tu realidad espiritual en Él, esa realidad es que a través de Jesús hay salvación y libertad de la muerte y de una vida carente de sentido y propósito; es por Él y a través de Él que podemos entrar a la realidad espiritual en la que vivirás en plenitud, eso incluye tu sanidad emocional, espiritual y física.

Soy tu compañera de mil batallas, soy tu amiga, tu aliada, soy una hermana en la fe que desea decirte: «Vamos hermanita, tú puedes. No estás sola, Él está contigo y aquí me tienes, si lo hizo por mí, lo hará por ti».

Cada clavo que traspasó a nuestro Señor y Salvador Jesucristo tenía propósito y significado. Nos dio vida eterna y abundante en Él a través de su sacrificio perfecto. Yo creo de ese mismo modo que si nuestros sufrimientos o los clavos que traspasen nuestros corazones son puestos en Sus manos tendrán un poderoso significado y propósito en Él y por Él. Ninguna de nuestras luchas humanas podrían compararse con exactitud con los sufrimientos padecidos por Jesús, pero ciertamente Él se compadece de cada clavo que traspasa nuestros corazones, y cada uno de ellos puede ser usado por Él para dar vida a otros si dejamos que Él nos resucite con su poder y amor. Su resurrección trae vida nueva; esas heridas causadas por los clavos fueron las que Jesús mostró a su discípulo Tomás para que creyera. Jesús no le mostró una herida sangrante que causaría lástima, le mostró una herida que no causaba más muerte, sino esperanza de una nueva vida.

Toda la historia de Dios y su relación con la humanidad nos revela su valentía al darnos libre albedrío; un Dios valiente activando una valentía divina en personas temerosas y débiles. Sí, es precisamente esta característica la que vemos en toda la historia de Dios y la humanidad. Tomar lo vil y menospreciado, lo frágil y temeroso para manifestar una fortaleza y valentía sobrenatural que venía a causa de su intervención al decirnos: «Yo estoy contigo».

Dios, al darnos a Jesús como sacrificio perfecto, quitó el acta de condena hacia nosotros, nos liberó del pecado que nos separaba de Él, y al darnos a Jesucristo resucitado nos liberó de la muerte eterna diciendo públicamente que en Él tenemos vida eterna, abundante, aquí y ahora, a pesar de las tragedias inesperadas que nos acontezcan.

Es curioso notar que justamente para ser valientes se requiere sobrepasar el temor y la incertidumbre ante las decisiones que tienen grandes márgenes de riesgo. Sin este escenario, no podríamos decir que alguien es valiente. No decimos: «¡Oh, que valiente es fulano! Se atrevió a comer chocolates». Aún cuando fuera alérgico y se atreviera, entonces diríamos que es imprudente. ¿Cómo se atrevió a comer chocolates si sabe que es alérgico?

En otras palabras, para experimentar la virtud de la valentía se requiere sentir temor y estar expuesto a gran riesgo. Mujeres valientes somos todas aquellas que hemos decidido avanzar a pesar del miedo, el dolor, la tristeza, la desesperanza, la angustia al enfrentar la tragedia, la pérdida, la crisis al enfrentar lo desconocido, lo inesperado, lo amenazador, lo inseguro, al enfrentar nuestros pecados y reconocer nuestras faltas. Sí, somos valientes al confesar nuestras faltas y pedir perdón. Mujeres a las que nos han dañado y también mujeres que han dañado a otras. La esperanza de la resurrección es para todas. Eso es lo asombroso del amor perfecto de Dios. El pecado te mata, el que cometes primero contra Dios, contra ti misma, el que cometes contra otros o

> *En otras palabras, para experimentar la virtud de la valentía se requiere sentir temor y estar expuesto a gran riesgo.*

cometen en tu contra. Necesitas ser valiente para pedir perdón y apartarte del pecado, coraje y valentía para huir de la muerte y el dolor que te causas y le causas a otros.

Hemos decidido avanzar a pesar de la fuerza en contra que amenaza nuestra vida o la de los nuestros. Hemos decidido ponernos de acuerdo con una agenda superior, con una voluntad suprema. Hemos decidido creerle a aquel que a pesar de vernos tal y como estamos, sigue diciendo de nosotras: valientes, fuertes, esforzadas, inteligentes, sabias, porque sigue viéndonos a su imagen y semejanza. Él sigue llamándote por tu verdadera identidad y no por las falsas identidades con las cuales hemos tratado de autosalvarnos. Él sigue viéndonos como nos diseñó.

La valentía se activa en el alma, la mente y el corazón de una mujer en los momentos difíciles y desafiantes; en esos momentos experimentamos la confabulación de un poderoso diseño divino con Su Creador. En ese momento, cuando nos ponemos de acuerdo con Dios y es activada nuestra verdadera identidad, surge de nuestro interior una fuerza que se produce en nuestro espíritu por las palabras de Dios al decirnos: «Yo estoy contigo», esa frase resuena en nuestro ser porque nos recuerda nuestro lugar de origen. Fuimos diseñados en el corazón mismo de Dios. Fuimos creados allí en la interacción de la Trinidad: «y dijo: "Hagamos al ser humano a nuestra imagen y semejanza"» (Génesis 1.26).

Esa palabra: «Hagamos», en plural, tiene un impacto muy importante en nuestra vida, impacto que ocurre al comprender que se trata del momento en el cual la Trinidad: El Padre, El Hijo y El Espíritu Santo crean al ser humano, es decir nos crea. Cuando hablo de la Trinidad no puedo dejar de pensar en la forma que interactúa el arco, la cuerda y la flecha. Pienso en Jesús, el Hijo, siendo enviado por el Padre y el Espíritu Santo hacia la tierra para cumplir un destino, pienso en ellos tres formándome a mí y luego enviándome al vientre de mi madre para después cumplir un propósito en Él, por y para Él. El latido de nuestro corazón está conectado a ese momento creativo, divino y eterno. Regresar al corazón de Dios Padre es el inicio de un proceso que va más allá de la recuperación, es un proceso que tiene como resultado la resurrección. Ese momento de regresar al lugar de origen resulta el momento en el que dejamos de ser una flecha sin destino al blanco, una flecha perdida o una flecha guardada en el carcaj o aljaba. La flecha que regresa a su lugar de origen regresa a su propósito para volver a ser lanzada a su destino.

— ¿Cómo enfrentar los sucesos con valentía? —

Todos los seres humanos estamos heridos. Todos los seres humanos nacemos en un mundo quebrantado por el pecado. Nuestros padres no son perfectos, nosotros no somos perfectos. Nos han herido y hemos herido. Por esa razón, toda la humanidad viene con una herida matricial; todos tenemos una angustia fundamental de abandono, de separación, de soledad. El pecado nos separó de nuestro lugar de origen y dejamos de estar en conexión con nuestro Padre Perfecto. Jesús es el camino y el acceso de regreso a esa relación vital. Nuestra identidad herida puede ser completamente sanada al reconectarnos con nuestra fuente. Jesús es el acceso. Jesús es el hijo perfecto que nos lleva al Padre Perfecto, quien nos ama perfectamente para sanarnos desde el origen y al nacer de nuevo en Cristo, es decir volver a la matriz creadora de La Trinidad, podemos volver a aprender a vivir en Él y para Él.

Los seres humanos nacemos por designio divino. Es decir, Dios nos envía como hijos, herencia de Él para nuestros padres, lo reconozcan ellos o no, así es. Lo cierto es que mientras no reconozcamos voluntariamente a Jesús, seguimos viviendo como criaturas desconectadas del Padre y, por lo tanto, aun sin ser conscientes de nuestra verdadera identidad.

Desde el vientre de nuestra madre ya hemos recibido toda la información genética a través del ADN, tanto a nivel genético como a nivel emocional. Esto significa que traemos programas de fábrica; programas que se han transmitido de generación a generación.

Información que ya está en nuestro ordenador cerebral, información biológica, genética, psicológica, lingüística y espiritual. Toda esa información está integrada, memorias que se están guardando desde el vientre, energía que se ha transmitido molecularmente de generación en generación. La información es energía, la energía es vida. Esta vida es la que recibimos biológicamente de nuestros progenitores, así que todos venimos de padres heridos por el pecado y la maldad, desde Adán y Eva hasta nuestros padres.

Leemos la Biblia y creemos que no estamos conectados a esa historia genéticamente, pero sí lo estamos. Todos los seres humanos lo estamos. Todos de una u otra manera somos una gran familia. Por esto, finalmente debemos comprender que la herida fundamental de la humanidad, de rechazo, abandono, soledad y temor viene desde la separación de su lugar de origen, Dios mismo. Esta herida se ha empeorado de generación en generación hasta el punto de que la separación de padres e hijos sea la estrategia más utilizada por el enemigo para destruir nuestra identidad. Mira a tu alrededor, mira mi historia. Toda la sanidad que el ser humano necesita se encuentra en una relación fundamental, su lugar de origen, Su Creador y Padre Dios.

Esta sanidad no termina al recibir a Jesús como Señor y Salvador, de hecho inicia allí. Si lejos de regresar a una relación, regresamos a una religión. He allí la razón por la que aún siendo salvos, seguimos heridos y buscando amor. La salvación solo es el acceso a un proceso de sanidad y libertad que tomará todo un proceso de morir a nuestra antigua vida con todos sus traumas, heridas, angustias; con todos su programas nocivos y virus del sistema. El sistema de creencias que conduce tu accionar o tu conducta está absolutamente desfragmentado, los programas no corren, el ordenador cerebral, emocional y aun espiritual se encuentra lleno de información destructiva. He aquí la

> *Esta sanidad no termina al recibir a Jesús como Señor y Salvador, de hecho inicia allí.*

explicación de por qué los cristianos toman tan malas decisiones, aun sabiendo la verdad. Todo el proceso de modificación de la información inicia conectando el ordenador a la fuente de energía, y a partir de allí podremos hacer la reprogramación necesaria. Pero se requerirá de un experto que conozca los programas de fábrica que hacen correr con velocidad y efectividad el ordenador, así como los que tienen virus que amenazan todo el sistema y las operaciones.

Sé que por un momento te sentiste una computadora, pero este solo es un ejemplo. En otras palabras, nuestra mente y corazón tienen información emocional y genética que necesita morir para que la verdad eterna del evangelio modifique y transforme nuestra antigua manera de pensar.

El gran error de todos los que hemos sido cristianos desde pequeños o por una buena cantidad de años es que al no haber vivido el impacto de una vida destruida que experimenta un milagro de salvación de una desgracia voluntaria, llegamos a creer que no tenemos mucho de qué arrepentirnos. A fin de cuentas, hemos tratado de ser «buenos» toda nuestra vida. Entonces llegamos a creer que somos salvos por amor y gracia, pero que otros sí necesitan la misericordia, nosotros no tanto. Es solo cuando maduramos y nos damos cuenta de la realidad de nuestra naturaleza humana desastrosa y perdida que por fin comprendemos que nada bueno hay en nosotros mismos y que todos estábamos perdidos en nuestros delitos y pecados. Sin embargo, en su infinito amor, Dios nos permite vivir la redención de nuestras almas en diversas maneras.

Creo con total firmeza que las experiencias dolorosas que frustran todos nuestros intentos de salvarnos a nosotros mismos son por excelencia los mejores despertadores a la vida eterna. Por eso pienso que los sucesos que no podemos explicar con nuestra lógica humana ponen en evidencia nuestra pequeñez, y la única manera de recibir a Cristo es a través de rendirnos en humildad. Solo alguien que reconoce su verdadera identidad de criatura ante su

Hacedor puede iniciar esa relación que te abre paso a convertirte en hijo. Solo los hijos reconocen al Padre y solo los hijos pueden entrar en la relación de reconexión que te hace entrar al orden divino en el cual tu vida tomará el equilibrio y la sanidad destinada para ti. La hermosa noticia es que Él nos ha adoptado para que podamos ser sus hijos amados.

Solo podrás enfrentar con valentía el suceso inesperado de tu vida si sabes quién eres y a quién perteneces.

> Solo podrás enfrentar con valentía el suceso inesperado de tu vida si sabes quién eres y a quién perteneces.

Cuando escribí el libro *Segura y plena* no imaginé que Dios estaba equipándome para enfrentar y experimentar una tragedia que pondría a prueba de fuego mi identidad verdadera. Cada palabra que escribí en ese libro fue profundamente comprobada en carne propia y a partir de esa prueba de identidad fue activada la valentía divina que solo puede ser producida por el milagro de la resurrección de Jesús.

Lo primero que debo decirte es que la fortaleza para enfrentar las circunstancias adversas proviene de tu verdadera identidad que está sustentada por quién es Dios. La razón por la que los sucesos dolorosos tienen el potencial de dejarnos en el piso y condenarnos a una vida de amargura y dolor es porque creemos que nuestras circunstancias nos definen. Y llegamos a creer que somos ese fracaso, esa tragedia, somos ese error y somos esa falla. Pero el fracaso nunca será tu identidad, será solo una circunstancia. Sin embargo, cuando las cosas se salen de nuestro control y debemos enfrentar algo para lo que nunca estuvimos preparados, nuestras reacciones evidencian nuestra verdadera identidad; revelan lo verdadero y lo falso.

No puedo explicarte con palabras el dolor desgarrador que produce una traición tan estratégicamente diseñada para destruirte. No puedo expresarte el sentimiento de fracaso que experimentas al ver un resultado contrario a todo lo que habías sembrado, la frustración que produce el haber luchado con toda tu fe para ver un hogar restaurado después de un primer adulterio y más aún si quienes están en riesgo no son solo tus hijos y familia, sino muchos que van contigo, me refiero a la congregación que dirigíamos.

En medio de un profundo proceso de reflexión, Dios fue dándole forma a todo este desastre, Dios hablaba a mi corazón, cada palabra iba armando cada pedazo de corazón y dándole sentido y propósito. Un día Dios me preguntó: ¿quién eres Kristy? Sabía la respuesta, le contesté: soy tu hija amada y te complaces en mí. Me dijo: más vale que lo sepas bien, porque solo así podrás enfrentar la vida que tienes por delante. Si quieres ser valiente para soltar lo que te pido, abrazar lo que te doy, no juzgar a otros y vivir solo para mi aprobación, tendrás que estar segura y plena en tu identidad de hija amada, porque de allí dependerá tu valentía para luchar por ti y lo tuyos, y permanecer en mi camino y en mi propósito. Tendrás por delante un proceso para vivir el progreso, tendrás por delante que tomar tu cruz y morir, pero vivirás una vida de resurrección que significará tu avance y tu victoria sobre la muerte. Kristy, este es el momento de ser cristiana, este es el momento para el que estás preparada, este es un desierto, un Gólgota, un horno de fuego, una prueba.

> No trates de entender, no es tiempo de entender, es tiempo de creer y obedecer.

Pero nada para lo que no estés diseñada. No trates de entender, no es tiempo de entender, es tiempo de creer y obedecer. Con un paso crees, con otro obedeces porque lo que vivirás en el proceso, en la muerte, lo que tendrá sepultura, en realidad te está preparando para la resurrección.

Sentir quién era y no solamente saberlo me permitió enfrentar el suceso, pero la valentía que se despertó en mi corazón a través del suceso me llevó a seguir conociendo a Dios y que Él siguiera sanando mi corazón para cumplir mi propósito en Él.

Cuando experimentamos dolor, nuestro sistema nervioso central se pone en estado de alerta, y nuestro cerebro empieza a buscar maneras de evitar y combatir el dolor. Cuando el dolor es físico sabemos que debemos buscar una solución médica. Pero cuando es emocional, nuestro cerebro empieza a buscar la activación de mecanismos de defensa que evadan, eliminen, desconecten ese dolor. Aunque nuestra razón busca entender para encontrarles sentido a los sucesos, no podemos permitirnos desconectarnos de nuestros sentimientos; cuando el dolor emocional es tan intenso que buscamos anestesiarnos emocionalmente o huir para no sentir, sin darnos cuenta podemos perdernos una de las intervenciones más milagrosas de la Trinidad: el consuelo del Espíritu Santo. Es decir, Dios mismo nos revela que al hacerse hombre experimentó todos nuestros sentimientos y emociones, los cuales procesó de manera saludable y plena. Dios Padre al enviar a su hijo perfecto, Jesucristo, en forma humana dignificó las emociones, dignificó el cuerpo y estableció la ruta para que nuestra experiencia humana se convirtiera en una experiencia espiritual que encontrará sentido en medio de los momentos más dolorosos y trágicos, esa ruta se llama: cruz. Solo así comprenderemos que somos seres espirituales en una experiencia humana y no somos más seres mortales intentando vivir una experiencia espiritual; al recibir a Jesús nuestra verdadera naturaleza espiritual debiera dominar nuestra experiencia humana, y no al revés. Todo este milagro sucede a través de ser conscientes de un acto milagrosamente sencillo como reconocer a Jesús como único y suficiente Señor y Salvador de nuestras vidas; solo así se inicia nuestro camino de vuelta a casa, a nuestro lugar de origen, a nuestra naturaleza espiritual eterna conectada con nuestro Padre Celestial; así nos convertimos en quienes verderamente somos, mujeres valientes que podrán enfrentar los sucesos inesperados ya que escuchan dentro de sus corazones: «Yo estoy contigo».

Ahora es mi deber preguntarte: ¿sientes quién eres? Posiblemente ya lo sabes, pero quiero preguntarte: ¿lo sientes?

Te comparto mi experiencia. Por muchos años sabía quién era por el mero conocimiento correcto debido a lo que había aprendido desde muy pequeña respecto a Dios y a ser su hija. Es decir, la simple información no produce transformación sin una experiencia profunda de descubrimiento personal; ahora bien, no estoy hablando de algo místico y extraño, la verdad es que la antesala de este momento de «revelación» o simple descubrimiento siempre es humildad, rendición, quebranto. Reconocer nuestra incapacidad de acercarnos a Dios por nuestros méritos, llegar con total reconocimiento de nuestra pequeñez y Su Asombrosa Grandeza. Yo repetía una y otra vez: soy una hija amada, soy su hija amada, y ciertamente ya era salva porque había reconocido a Jesús como Señor en mi vida, pero aún vivía esclava de temores y aún tengo otros por vencer, aunque comprendí que cada vez que eres valiente y te liberas de un temor conquistas más y más tu identidad de hija de Dios y la vives a plenitud. Estos momentos de revelación o descubrimiento suceden cuando te sientes rechazado, abandonado y dolido, es entonces cuando eres consciente del maravilloso amor de Dios, y en este momento de vulnerabilidad total puedes conectarte con esa realidad espiritual y trascendente. En realidad, mientras nos sintamos tan «autosuficientes» que no necesitemos de nadie, será difícil que estemos en ese estado de consciencia que nos permite abrazar Su Gracia.

Es por esto que en los momentos de mayor quebranto somos despertados a la verdad de quienes somos en realidad. Mientras estamos cómodos en nuestras falsas identidades, adormecidos por la anestesia de los personajes ficticios en los que nos hemos escondido, será difícil experimentar la revelación de la gracia y misericordia de Dios a través del sacrificio del Hijo que nos lleva al Padre, nuestro hermano mayor Jesús. La Biblia nos enseña que por gracia somos salvos a través de creer en Él; la gracia es un don o regalo de Dios. Dios nos muestra su misericordia reteniendo un castigo que merecemos, pero la gracia nos regala una bendición que no merecemos. Por esa razón, el amor de Dios que recibimos por su gracia es lo que echa fuera nuestros temores que nos esclavizan al miedo. Estos son mis versículos ancla respecto a la experiencia de pasar del mero conocimiento de ser hija de Dios a la experiencia profunda de adopción como hija y, por lo tanto, liberarme de los temores que me impedirán vivir como hija y así atreverme a ser valiente porque Él está conmigo: «Porque todos los que son guiados por el Espíritu de Dios son hijos de Dios. Y ustedes no recibieron un espíritu que de nuevo los esclavice al miedo, sino el Espíritu que los adopta como hijos y les permite clamar: *«¡Abba!* ¡Padre!»*. El Espíritu mismo le asegura a nuestro espíritu que somos hijos de Dios». (Romanos 8.14-16).

El suceso puso a prueba si sabía quién era y a su vez puso a prueba si sabía qué hacer. El quién determina el qué, pero el qué lo determina el porqué y el porqué encontrará el cómo. Hay tantos regalos y mensajes de Dios que trajo este suceso a mi vida, no venían en el envoltorio que hubiese querido, pero mientras pasaban los días los iba descubriendo, activando y realizando. El saber quién era me permitió saber a quién pertenecía, lo cual trajo orden, y eso trajo equilibrio en un momento en que había perdido todo aquello que consideraba mi estabilidad. Una cosa es decir: ¡Señor, tú eres mi todo, te pertenezco! mientras cantaba en la iglesia, abrazaba a mi esposo o cargaba a mis hijos. Y otra muy diferente es decirlo cuando ya no hay esposo para abrazar, ni iglesia para dirigir y sostienes a tus hijos secándote las lágrimas mientras te preguntas cómo les explico que un Dios bueno está en control de esto tan malo. Así que trajo el regalo de afirmar mi quién, mi porqué y mi qué.

Dios hace de lo complicado algo simple. Nos hace hijos porque sin comprender la dimensión de ese regalo inmerecido, al momento de tener millones de preguntas, esa verdad trae millones de respuestas, me dirigió así:

Me recordó mi pertenencia, diciendo: eres mi hija amada y me complaces. Tú me perteneces, eres mía, soy tu Padre y no estás sola ni abandonada, ni eres rechazada. Eres mía. Eres valiente porque tu

Padre te hizo valiente. No serás papá de tus hijos, serás mamá de tus hijos. El Padre soy yo. No soy abuelo, soy Padre. Así que ubícate en tu posición de hija y fluye como madre de tus hijos.

Los sucesos más dolorosos de nuestra vida pueden traer el regalo más grande. Descubrir nuestro quién, nuestro qué y nuestro porqué. Si sabes esto, la valentía divina se fortalecerá para pasar por el proceso que está por delante.

La V de verdad, la V de valientes

Somos una creación de Dios, pero para experimentar la realidad de una relación transformadora con Dios necesitamos reconocer el fracaso de nuestras vidas, lo terrible de nuestra naturaleza pecaminosa, nuestra separación de Dios debido a ello y la realidad de que no podemos ser «buenos y suficientes» sin Dios; al reconocerlo y desear regresar a nuestro lugar de origen, el corazón del Padre que nos creo, pero a su vez nos dio libertad de decisión, conscientemente decidimos, como consecuencia de esa profunda consciencia, recibir a Jesús, el hijo de Dios, como nuestro Salvador, entonces tenemos acceso al Padre. Él nos adopta por Su Espíritu como sus hijas legítimas y ahora nuestra identidad verdadera es activada, ya no solo somos criatura sino hijas de Dios. Por lo tanto, nuestro ADN humano es sanado por la sangre de Jesús derramada en la cruz del Calvario y tenemos acceso a una vida nueva en nuestro espíritu, nuestra alma y nuestro cuerpo. De aquí proviene una valentía divina y una sanidad liberadora.

Quiero compartir contigo de dónde provino la fortaleza que sé está en todas las mujeres «valientes»; para mí empezó comprendiendo quién era la flecha más

> *Los sucesos más dolorosos de nuestra vida pueden traer el regalo más grande. Descubrir nuestro quién, nuestro qué y nuestro porqué.*

valiente de la historia, el hijo más valiente de la historia y la hija más valiente de la historia.

La flecha más valiente de la historia

El cuadro de valentía más grande es el de Jesús avanzando hacia la cruz a pesar del miedo, el riesgo y el dolor. Imagina el momento de vulnerabilidad tan profundo que, aún siendo cien por ciento Dios y cien por ciento hombre, experimenta todas las emociones que nosotros como seres humanos vivimos. Le dice a su Padre que preferiría pasar esa copa, ese trago de dolor, pero añade: «No se haga mi voluntad sino la tuya» (Lucas 22.42, RVR1960). Decidir vivir el suceso doloroso requiere valentía. Jesús nos revela la acción más valiente de un ser humano, decidir proseguir a la cruz y morir para darle vida a otros. Jesús es concebido por el Espíritu Santo en el vientre de una virgen llamada María. Para experimentar todas las facetas de la vida humana, Él, al igual que tú y yo, experimentó las emociones, sensaciones, aprendizajes fetales; experimentó las emociones de María, las de José, la angustia al ser perseguidos; la aflicción del nacimiento en un mundo que no le daba la bienvenida como rey, sino que quería matarle antes de nacer. ¿Se parece en algo a tu vida? ¿Habías pensado que Jesús comprende cualquier tipo de embarazo complicado, ambiente destructivo externo o nacimiento de alto riesgo que tú o yo hayamos vivido? Piensa en María como madre, piensa en Jesús como bebé. Él comprende toda la información que amenaza la identidad desde antes de nacer. ¿Crees que Jesús no comprende el rechazo intrauterino, la desconexión paterna, el amenazante ambiente familiar? Es simplemente impresionante. Jesús vino a una vida humana para revelarnos que comprende todos los traumas, toda la programación genética en medio de un clima amenazante. María estaba custodiada por el plan divino, pero vivió todo como una humana valiente, no como un ser sin emociones o angustias. Jesús, nuestro ejemplo de vida humana, nos muestra un camino de valentía hacia un proceso doloroso pero liberador, un proceso de redención.

Tu acción valiente no consiste en no sentir miedo o dolor, tu acción valiente consistirá en continuar el proceso a pesar de querer huir. Es la siguiente fase la que te permitirá vivir el proceso más importante de tu vida, si deseas que el suceso cumpla su propósito y si deseas experimentar el resultado victorioso que produce el dolor.

——— Una hija valiente que cambió la historia ———

Para ser valientes se requiere, en primera instancia, estar vivas. Sí, la vida es el escenario para que la valentía cobre validez. Por eso, por doloroso que sea lo que estemos viviendo, ese suceso nos recuerda que estamos vivas y que esa vida dolorosa no es la manera en que deseamos vivir el resto de ella. Queremos creer valientemente lo que realmente es el deseo de Dios para nuestras vidas. Al vivir el suceso trágico de mi vida, la Biblia fue mi refugio; su amor, su gracia, su presencia y todo lo que ella contiene. Me habló al corazón a través de varios personajes, pero como soy mujer buscaba algo de empatía con alguna y encontré muchas, pero una en particular fue claramente mi inspiración femenina: María, la madre de Jesús. Una valiente jovencita, una valiente madre soltera, una valiente madre joven, una valiente viuda, una valiente discípula, una valiente guerrera de la fe. Pero sobre todo, una valiente humana vulnerable y sencilla como tú y como yo. En otras palabras, la entrega vulnerable es la antesala de la valentía feroz.

> *Tu acción valiente no consiste en no sentir miedo o dolor, tu acción valiente consistirá en continuar el proceso a pesar de querer huir.*

A los seis meses, Dios envió al ángel Gabriel a Nazaret, pueblo de Galilea, a visitar a una joven virgen comprometida para casarse con un hombre que se llamaba José, descendiente de David. La virgen se llamaba María.

El ángel se acercó a ella y le dijo:

—¡Te saludo, tú que has recibido el favor de Dios! El Señor está contigo.

Ante estas palabras, María se perturbó, y se preguntaba qué podría significar este saludo.

—No tengas miedo, María; Dios te ha concedido su favor —le dijo el ángel—Quedarás encinta y darás a luz un hijo, y le pondrás por nombre Jesús. Él será un gran hombre, y lo llamarán Hijo del Altísimo. Dios el Señor le dará el trono de su padre David, y reinará sobre el pueblo de Jacob para siempre. Su reinado no tendrá fin. (Lucas 1.26-33)

Imaginemos el escenario en el que se lleva a cabo esta escena. Para una familia piadosa y judía del primer siglo, el día empezaba junto al amanecer. Con este amanecer iniciaba la actividades, con alabanzas y bendiciones. Además de recitar algunos salmos, se hacía la oración fundamental del judaísmo, el Shemá: «Oye, Israel, el Señor, nuestro Dios, el Señor es Uno» (Deuteronomio 6.4). Es una oración muy significativa de la Torá, que les brindaba la tónica emocional, religiosa y moral que dirigía el resto de sus actividades diarias. Para las mujeres, las actividades consistían en las labores de la cocina que incluían moler el grano de trigo y cebada para elaborar las tortas o pan, que se cocían en hornos de piedra. En el mundo judío del primer siglo no se utilizaban cubiertos, así que se comía con las manos. Como la dieta incluía aceite, verduras, granos, lecha, mantequilla, quesos y vino, en algunas ocasiones se incluía un trozo de carne de oveja o cabra, o algún pescado o gallina. Además,

> *La entrega vulnerable es la antesala de la valentía feroz.*

antes de sentarse a la mesa ya debían haber ido a buscar el agua a los pozos o ríos. Esta era una tarea diaria, ya que incluía la limpieza del hogar.

Así que imaginemos que María, una jovencita responsable y evidentemente de gran carácter y fortaleza, estaba haciendo alguna de estas labores. Por eso me es fácil imaginarla cocinando o de forma dedicada y esforzada tarareando frases de esta tradición oral que había recibido de sus padres. Recordemos que a las mujeres del primer siglo no se les permitía estudiar, así que recibían de los hombres de la familia la formación y tradición. Quizás en la casa se respiraba aroma a pan recién horneado en horno de leña, mientras se escuchaba el agua cayendo en uno de los jarrones; así transcurría un día cotidiano. Tan cotidiano que un ángel le llega a anunciar que será la madre nada más y nada menos que del Hijo de Dios.

Vaya si no necesitaba las palabras «no tengas miedo». Con ellas recibe una paz inexplicable y recuerda las profecías sobre el Mesías esperado. Todo lo que aquel ángel ha dicho no es desconocido para ella, por eso su pregunta es sobre el cómo no sobre el qué. Su paz es profunda porque ella sabe que nadie puede decir el nombre de Dios, de Yahvé, en vano o proferir una bendición de su parte a menos que así fuera en verdad. Para nosotras es fácil pensar en la escena porque nuestro cerebro busca las imágenes previas almacenadas de alguna película de Jesús que hayamos visto en alguna pantalla. Pero para ella todo era absolutamente desconocido. La declaración del ángel está cargada de seguridad para ella, tanto en el saludo inicial como en la declaración de que el Señor mismo le ha concedido su favor. En otras palabras, ella no estará sola para lo que sea que el mensaje contenga. Dios mismo está con ella. ¿Te das cuenta?, cualquier acto de valentía esta sustentado por Él, «Yo estoy contigo».

—¿Cómo podrá suceder esto —le preguntó María al ángel—, puesto que soy virgen?. (Lucas 1.34)

Aunque la evidencia de lograr responder ante tal información nos revela la profunda seguridad que Dios mismo estaba haciendo sentir a María, imagina cuántos acontecimientos sobrenaturales están sucediendo juntos: una visita angélica, un saludo singular reconociéndole «muy favorecida», y por si fuera poco, el Mesías esperado por su pueblo, el Santo ser nacerá de ¡sus entrañas! ¿Quién a los trece, catorce o quince años de edad está psicológicamente lista para semejante función? ¡Tenía que ser sobrenatural! Cualquiera de nosotras no alcanzaría a oír al ángel, creo que yo me hubiera desmayado; hubiera tenido que hablarme por sueños.

La respuesta del ángel esclarece las dudas que una joven virgen podía tener. Esta manifestación es absolutamente divina, no existe algo humano para hacer referencia. Simplemente una virgen no tenía conocimiento previo en experiencias, sino una vaga información de las responsabilidades de la tradición correspondiente a una doncella desposada. Estaba claro que el origen del Mesías no provenía de voluntad humana, por lo tanto su concepción era absolutamente divina.

«El Espíritu Santo vendrá sobre ti, y el poder del Altísimo te cubrirá con su sombra. Así que al santo niño que va a nacer lo llamarán Hijo de Dios. También tu parienta Elisabet va a tener un hijo en su vejez; de hecho, la que decían que era estéril ya está en el sexto mes de embarazo. Porque para Dios no hay nada imposible». (Lucas 1.35-37)

La explicación del ángel encierra una poderosa declaración, toda obra sobrenatural del Hijo de Dios proviene de la fuerza del Padre con la interacción de Su Espíritu. Citaré una porción de la tesis: «El Fiat de María en Lucas 1.38 y sus implicaciones para el creyente» de mi apreciada amiga, Magíster en Teología, Carolina Ruiz de Chamorro:

La fuerza del Altísimo te cubrirá con su sombra confirma la primera expresión. En este caso no se trata de un milagro sobre la esterilidad, o un deseo humano por llegar a tener un hijo, pues María estaba en edad fértil, estaba desposada; sino que apela a la creación y creatividad de Dios, él será quien actuaría sobre el vientre vacío, para engendrar; será el poder o fuerza de Dios que llenará el vientre vacío de María con un niño, manifestación de la gracia divina a la humanidad.[2]

«iniciativa divina que va más allá de lo que ningún hombre o mujer jamás soñó».[3]

Es importante hacer notar que María no solicita una prueba, pero el ángel agrega en su declaración el milagro de fertilidad en Elisabet, lo cual era una señal, no para que creyera, sino parece ser, porque había creído. Yo en lo personal creo y observo en las intervenciones de Dios con sus escogidos para misiones de redención que Él nos invita a grandes desafíos para cumplir su voluntad en Su historia y siempre nos envía compañía. Cuando tú le das un sí valiente, hay evidencias mientras caminas. Ojo, no para que camines, sino mientras caminas. El Evangelio de Lucas nos permite leer detalles que enriquecen nuestra fe, como el siguiente: «Nada hay imposible para Dios».

> *Iniciativa divina que va más allá de lo que ningún hombre o mujer jamás soñó*

—Aquí tienes a la sierva del Señor —contestó María—. Que él haga conmigo como me has dicho.
    Con esto, el ángel la dejó». (Lucas 1.38)

Esta respuesta casi es como gritar un sí. Sí estoy dispuesta, sí me entrego, sí acepto que el plan divino se pueda llevar acabo en mí conforme a tu palabra (Lucas 1.38). No quedan dudas de este rotundo sí; un sí valiente proveniente de una joven campesina. Sí a lo incierto, a lo desconocido; un franco grito de fe. «Hágase en mí». No puedo dejar de meditar en esta respuesta. Esa respuesta no está diciendo: ¿qué hago para ti? Está diciendo: hágase EN mí misma, adentro. Ofrezco mi vientre, mi existencia, aunque me cueste la vida. Que tenga lugar en mi cuerpo, en mi vientre, en mi capacidad de dar vida, cuidar, nutrir, amamantar, proteger la semilla de Dios mismo.

No puedo evitar derramar lágrimas mientras escribo esto; simplemente, acercarme a estudiar la valentía de María me ha confrontado con todos mis intentos de oraciones valientes en las cuales dije: ¡úsame Señor! Y ahora me pregunto: ¿en serio, Kristy? Esta jovencita en verdad sabe lo que significa decirle sí al plan divino, sin cuestionamientos egoístas, sin pretensiones, sin más que la entrega y rendición. Esta jovencita sí comprendía el significado de permanecer ante el suceso, crecer a través del proceso y avanzar por el progreso de la agenda divina.

Finalmente, como lo menciona el teólogo Valdir Steuernagel en su libro *Hacer Teología Junto a María*: «Solo entiende de teología quien ofrece el vientre».[4]

Cuando tú le das un sí valiente, hay evidencias mientras caminas. Ojo, no para que camines, sino mientras caminas.

En otras palabras, conocer a Dios es imposible sin ofrecer el ser entero. Regresemos a la analogía que estamos usando de la flecha, el arco y la cuerda. En los arcos instintivos se le llama «vientre» al espacio que se encuentra entre la cuerda y el arco, es decir el espacio entre la parte inferior de la pala donde se genera el esfuerzo de compresión y el lomo del arco, la parte superior donde se genera el esfuerzo de tracción. En otras palabras, sin ese espacio llamado vientre sería imposible lanzar la flecha. Tú y yo somos flechas en Sus manos, pero para ser lanzadas debemos entregar nuestro ser entero, y al ser mujeres me gustaría enfatizar el hermoso hecho de entregar nuestros vientres, nuestra capacidad de dar vida, nuestros hijos, nuestros dolores mensuales, nuestros cambios hormonales, todo lo que nos hace mujeres, y rendirlo a Su Plan Perfecto.

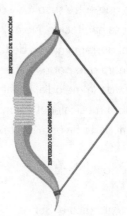

Me siento tan honrada de haber nacido mujer, de poder comprender tan profundamente lo que significa «el vientre»; tan honrada de haber tenido el honor de llevar dos varones en él, de comprender la interacción de la vida y el rotundo sí a la vida, con una disposición a todo sacrificio para preservarla. María sí que comprendería el salmo 127.4: «Como flechas en las manos del guerrero son los hijos de la juventud».

Pero esta historia aún sigue trayéndonos más sorpresas. Leamos:

> Conocer a Dios
> es imposible
> sin ofrecer el
> ser entero.

A los pocos días María emprendió viaje y se fue de prisa a un pueblo en la región montañosa de Judea. Al llegar, entró en casa de Zacarías y saludó a Elisabet. Tan pronto como Elisabet oyó el saludo de María, la criatura saltó en su vientre. Entonces Elisabet, llena del Espíritu Santo, exclamó:
—¡Bendita tú entre las mujeres, y bendito el hijo que darás a luz! Pero ¿cómo es esto, que la madre de mi Señor venga a verme? Te digo que tan pronto como llegó a mis oídos la voz de tu saludo, saltó de alegría la criatura que llevo en el vientre. ¡Dichosa tú que has creído, porque lo que el Señor te ha dicho se cumplirá! (Lucas 1.39-45)

Imagino que entre suspiros y sollozos, tanta gloria celestial estaba inundando esa habitación. No hay cuerpo humano que no se conmocione ante el derramamiento de tanta gracia. Quisiera poder agregar la banda sonora que podría haber acompañado este momento, sería el *crescendo* de la melodía, la anticipación a un momento emblemático de la obra musical, del guion maestro. Un momento glorioso. Y aquí viene mi parte favorita del texto... la voy a cantar.

Entonces dijo María:

«Mi alma glorifica al Señor,
y mi espíritu se regocija en Dios mi Salvador,
porque se ha dignado fijarse en su humilde sierva.
Desde ahora me llamarán dichosa todas las generaciones,
porque el Poderoso ha hecho grandes cosas por mí.
¡Santo es su nombre!
De generación en generación
se extiende su misericordia a los que le temen.
Hizo proezas con su brazo;
desbarató las intrigas de los soberbios.
De sus tronos derrocó a los poderosos,
mientras que ha exaltado a los humildes.
A los hambrientos los colmó de bienes,
y a los ricos los despidió con las manos vacías.
Acudió en ayuda de su siervo Israel
y, cumpliendo su promesa a nuestros padres,
mostró su misericordia a Abraham
y a su descendencia para siempre» (Lucas 1.46–55).

Tuvo que haber una dulce presencia que inundó toda la casa. Mientras Zacarías meditaba en todo lo sucedido, sus lágrimas corrían por sus mejillas. Recordaba el momento aquel estando a la derecha del altar del incienso, cuando el ángel se le apareció. Ya no podía hablar, solo adorar con el corazón.

«María se quedó con Elisabet unos tres meses y luego regresó a su casa». (Lucas 1.56)

Imagina las carcajadas y el gozo inundando el corazón de las dos parientas unidas por la sangre, pero más aún por el Espíritu Santo durante esos meses. Sin duda, ninguna de las dos quería que llegara la despedida. Esa despedida tuvo que haber sido profundamente sentida. Lágrimas fundieron sus corazones cual acero; ambas sabían que le habían dicho sí a lo incierto, pero sabían en sus espíritus que la trascendencia del plan divino estaba tomando lugar.

Los siguientes seis meses transcurrieron. Puedes imaginar lo que sucedía en el corazón de María. Los comentarios de la comunidad que debía enfrentar. Sin duda José, el varón escogido por Dios para acompañar a María en el proceso y ser el padre terrenal de Jesús, hombre de gran carácter y firmeza, recordaba segundo a segundo ese encuentro con el ángel. Puedes imaginar conmigo lo que sucedería en el corazón de un hombre cuya responsabilidad es cubrir, proteger, resguardar el embarazo del Hijo de Dios. No creo que comprendamos semejante responsabilidad.

Sin duda alguna, su adoración a Dios era una constante. Recordemos que la tradición rabínica no permitía a las mujeres estudiar la Torá. Por lo tanto, recibían y abrazaban aquello que oían de los hombres, a quienes se les permitía estudiar e ir a la sinagoga.

Mientras escribo tengo el corazón apretado, la respiración se me agita y las lágrimas corren por mis mejillas. ¿Cómo puede fluir tanta gracia, tanto favor, tanta cercanía entre este libro llamado Biblia y yo? ¿Cómo puedo sentirme tan cerca y tan conectada a esta jovencita y su peregrinaje de fe? ¿Cómo puedo parecerme yo tanto a ella? Sí, me refiero a ti también. María nos regala una perspectiva divina sobre nuestra propia vida, sobre los sucesos que nos acontecen; cómo Dios ve la variable llamada tiempo. Hasta que todo encuentro con lo divino, toda visita de Dios reviente en adoración, como en el cántico de María y Zacarías; hasta entonces comprendemos el sentido eterno de la vida y podremos comprender el sentido eterno de la muerte y la fase transitoria de ella. Para vivir plenamente y sin limitaciones, comprenderemos cómo Dios ve la vida. Entonces, transformará la manera en que nosotros la hemos visto.

Más allá de hacer un esfuerzo por ver las cosas bellas y valiosas de la vida, y hacer el esfuerzo de no perdernos en los afanes diarios, nos daremos cuenta de que esta capacidad es el resultado de un descanso más profundo que el mero hecho de parar una actividad.

No hay vida valiente si no existe una decisión de para quién y por quién vivir.

> No hay vida valiente si no existe una decisión de para quién y por quién vivir.

Hay que definir la vida, hay que determinar la lealtad, hay que decidir en quién permaneceremos, porque las circunstancias y las amenazas externas sí que persistirán. Estas pueden hacernos reaccionar para defender nuestra postura y activar nuestra valentía, o puede ser que ya nos acomodamos tanto que ni siquiera somos conscientes de lo que está amenazando nuestra vida cristiana.

La vida se hace muy complicada sin un suelo firme donde poner los pies. Después de todo, no somos seres alados o fantasmas que flotan. Aunque algunos nos lo parezcan, te aseguro que no lo son. Cuántas vidas se han perdido en esa afanosa búsqueda de cumplir con «sus» planes y proyectos sin nunca satisfacerse, y cuántas vidas podrían haber sido una suma exponencial para el mundo y sus semejantes si tan solo se hubiesen atrevido a ser quienes Dios les había diseñado para ser.

En esta vida tenemos una misión y esa misión tiene gran repercusión y trascendencia, si es que se le ha conectado con el verdadero porqué y para qué. Nacemos con un propósito; Jesús nació para iniciar su ofrenda de amor. Crecemos con propósito; Jesús creció en gracia y sabiduría para con Dios y la humanidad. Nos reproducimos con un propósito trascendente, para que finalmente muramos habiendo cumplido ese propósito y entonces pasemos a la última sombra antes de ser transformados en seres eternos que regresan a su hogar celestial.

La obra redentora de la humanidad inicia en torno a esta dama, María, y este caballero, Jesús. La poderosa interacción de personajes celestiales con humanos impetuosos y simples nos permitirá conocer un poco más de la interacción que despierta la más feroz valentía que el ser humano y que la mujer pueden descubrir. Sí, descubrir quiénes fueron diseñados para ser.

Permíteme imaginar, permíteme soltar mi creatividad y tratar de observar lo que la narrativa del texto del libro de San Lucas trata de describir. La realidad es que cuando nos acercamos al texto bíblico podemos hacerlo como lectores que buscan leer un libro más, o como niñas en búsqueda de tesoros y, para ser exactas, como niñas exploradoras en búsqueda de diamantes color rosa. O si eres como yo, en búsqueda de esmeraldas verde esperanza. Lo cierto es que hay un poder inexplorado en el libro llamado Biblia que pocas se han atrevido a explorar. Hay un misterio poderoso en esta jovencita de Nazaret de Galilea de entre trece y quince años de edad, quien es la elegida por Dios para enviar a Jesús, el Salvador, a Dios encarnado.

Te conté parte de mi historia. Para quienes leyeron mi libro anterior, *Segura y plena*, les será familiar lo que escribiré. Fui una niña con una experiencia muy profunda con Dios, y a muy temprana edad la Biblia fue despertando una valentía muy particular en mi corazón, pero como leíste, las batallas que he tenido que librar no han sido sencillas. Comprendo profundamente qué significa sentirse perdido y decepcionado a un nivel profundo respecto a la fe. Eso me ha llevado a una fe más sólida, profunda y real. No basada en experiencias sino en convicciones. Una fe fundamentada en la Biblia sin más ni menos.

Como te expresé anteriormente, Dios me habló al corazón por medio de Su Palabra y a su vez trajo a mi corazón la frase que ha sido tan clara para mí en medio del proceso; desde ese suceso desgarrador y durante todo el camino algo tan sencillo usado por Él me ha sostenido. Las circunstancias inesperadas son un llamado a la valentía, un llamado a la obediencia, un llamado a cambiar la mentalidad de cobardía, victimización, postergación y apatía; si lo decides pueden ser el despertador más intenso para reaccionar y salir de esa vida de daños o salir de una vida de pecado, tanto si eres víctima o agresor; reconocer tus faltas, arrepentirte y pedir perdón también requerirán valentía. Es un llamado a volverle la mirada con fortaleza divina a un león rugiente que te quiere devorar, y devolverle la mirada con la fuerza de la valentía y el coraje que produce el decidir regresar a tu lugar de fortaleza o permanecer en él. Recuerda, la valentía viene de esa voz que se aclara y resuena: «Yo estoy contigo».

Para María la vulnerabilidad de su rendición y obediencia clarificaron su valentía; se hace claro para mí al leer a filósofos, antropólogos, científicos, teólogos, psicólogos: todos, en la búsqueda del sentido de la vida, de la comprensión de la existencia, tartamudean y debaten tratando de afirmar sus ideologías. Pero leemos en la Biblia a una jovencita de trece años recitando la tradición oral judía y exponiendo un tratado teológico completo en el «Magníficat», una poesía que solo pudo haber sido inspirada por el mismo cielo. Una enunciación con la profundidad que solo la misma trinidad podrían expresar.

> *Las circunstancias inesperadas son un llamado a la valentía, un llamado a la obediencia, un llamado a cambiar la mentalidad de cobardía, victimización, postergación y apatía.*

¡Ay, niña bendita que nos permites leer la profundidad que desata la obediencia! Niña que nos permites vernos a nosotras mismas timoratas, inseguras, rebeldes e incongruentes, pero amadas y con una oportunidad de decirle sí. Sí a la vida del redentor; sí al cambio de agenda; sí a la interrupción divina, al desastre organizado, al caos ordenado. Y todo por el eterno hecho de llevar en su vientre al Redentor. Por haber contestado sí a la interrupción de su vida y sus planes. Esa supuesta vida «nuestra». ¿Cómo encontrarle sentido a una vida terrenal cuando ha sido diseñada para ser eterna y atemporal? ¿Cómo tratar de explicarnos lo que en lo profundo de nuestro corazón sigue clamando por conexión? Simple. No estamos hechas solo para este mundo.

Necesitamos vernos allí. Debes darte cuenta de que la mujer escogida por Dios fue activada por el mismo Espíritu de Dios con una valentía y determinación para decirle sí a Dios, a Su plan divino. Lo que sin duda no tenía claro es la implicación de ese sí. Fue un sí al despojo total en Sus manos y Su soberanía, lo cual significó una incomprensible combinación de profunda paz y total incomodidad; una sensación divina y suprema de estar en un plan perfecto y a la vez una absoluta incomprensión humana. Decimos con mucha facilidad frases como: «no hay dos glorias juntas», pero en realidad lo que deberíamos decir es: «hay un precio incómodo para experimentar la gloria que realmente importa».

Y tú, mi querida amiga, tú y yo estamos llamadas a eso. ¿Cómo responderemos? Con el *fiat mihi*: «hágase en mí, hágase conmigo como tú quieras», hará la diferencia. Eso es verdadera valentía. Naciste para algo realmente importante: cumplir el plan del Señor en el lugar donde te puso, siendo hija, esposa, madre, amiga, líder, empresaria, ama de casa, maestra, trabajadora, etc. Ser un instrumento de Dios para dar vida, esperanza, fortaleza, para que otros conozcan el amor de Dios en ti y a

> *No hay manera de ser tú misma y sentirte infeliz, no hay manera de que fluyas en el plan de Dios y te sientas insegura y vacía, naciste para más, naciste para trascender.*

través de ti. Cuando hablo de ser quien Dios te diseñó para ser, es ser tú misma, pero no hablo de mujeres valientes que se liberan de la opresión para hacer lo que les venga en gana, sino para cumplir con una misión mayor, eterna y poderosa, como hijas de Dios que revelan a Su Padre Celestial. No hay manera de ser tú misma y sentirte infeliz, no hay manera de que fluyas en el plan de Dios y te sientas insegura y vacía, naciste para más, naciste para trascender. ¿Lo estás viviendo? Si no es así, conviértete en lo que realmente eres. Y empieza hoy, empieza ahora. Eres una flecha y puedes ser tan valiente como María.

Capítulo 2

VALIENTES PARA ABRAZAR, VALIENTES PARA SOLTAR

———— Diario de una arquera valiente ————

Sigo recibiendo clases de tiro de arco y cada vez aprendo a relajarme más, pero hoy Yessi me dijo algo que me hizo pensar, me dijo:

—Kristy, debes relajarte y soltar la tensión, piensas demasiado en hacerlo bien, tanto que pierdes de vista el blanco. Tirar es una actividad que se siente y disfruta; no la tratas de controlar, la vives, la sientes, la sueltas, la dejas ir. Para realizar un buen tiro, debes conectarte contigo, esto es instintivo, es fluido. Entre más tensa estés, menos probabilidades de acertar al blanco; tu flecha reaccionará a la tensión y no lo disfrutarás; esto no es un castigo, es tu deleite.

—Kristy, cuando lleguemos a la fase de soltar verás por qué este movimiento es considerado por la mayoría como el más difícil en la técnica de tiro con arco; para llegar a ejecutarlo con maestría debes aprender a relajarte sin perder tu posición y postura, no solo consiste en abrir los dedos sino en relajar la mano al momento de tirar, que requiere soltar. Recuerda, cuando sueltas no debes perder tu posición, por el contrario; no debes bajar el arco de inmediato, ni tomar otra flecha, sino debes mantener la posición de tiro hasta que la flecha que tiraste haya pegado en el blanco, porque no esperamos otra cosa, tiramos para pegar, no para errar. ¿Me explico? La clave es soltar sin perder tu posición y permanecer hasta el final.

Esa clase me hizo meditar mucho, pues me recordó la instrucción que Dios le había hablado a mi corazón en aquel suceso tan trágico:

«Sé valiente para abrazar lo que te doy, y sé valiente para soltar lo que te pido».

La instrucción estaba clara y era sencilla de entender, pero difícil de realizar. Comprendí lo que sucedía a través de un texto bíblico que había leído infinidad de veces, pero fue por medio de este suceso en mi vida que ese texto se iluminó para mí. La siguiente enseñanza me describió lo profundamente sanador que era ese acto de soltar y abrazar. Las clases de tiro me habían recordado que el acto de relajarse y soltar era fundamental, pero sin perder la posición y sin dejar de permanecer enfocados en el blanco.

En ese momento comprendí las consecuencias de no soltar y no permanecer para mi vida entera. ¿Qué tal si lo lees conmigo, puedes hacerlo junto a una deliciosa taza de té o café, o chocolate, o *smoothie* o batido de helado?

Tú sabes qué te gusta, acabo de revelar algunos de mis gustos. Escoge un lugar cómodo porque necesitaremos de nuestra imaginación.

Abrazar la vida y soltar las barcas

Cuando comenzó a soplar un viento suave del sur, creyeron que podían conseguir lo que querían, así que levaron anclas y navegaron junto a la costa de Creta. Poco después se nos vino encima un viento huracanado, llamado Nordeste, que venía desde la isla. El barco quedó atrapado por la tempestad y no podía hacerle frente al viento, así que nos dejamos llevar a la deriva. Mientras pasábamos al abrigo de un islote llamado Cauda, a duras penas pudimos sujetar el bote salvavidas. Después de subirlo a bordo, amarraron con sogas todo el casco del barco para reforzarlo. Temiendo que fueran a encallar en los bancos de arena de la Sirte, echaron el ancla flotante y dejaron el barco a la deriva. Al día siguiente, dado que la tempestad seguía arremetiendo con mucha fuerza contra nosotros, comenzaron a arrojar la carga por la borda. Al tercer día, con sus propias manos arrojaron al mar los aparejos del barco. Como pasaron muchos días sin que aparecieran ni el sol ni las estrellas, y la tempestad seguía arreciando, perdimos al fin toda esperanza de salvarnos.

Llevábamos ya mucho tiempo sin comer, así que Pablo se puso en medio de todos y dijo: «Señores, debían haber seguido mi consejo y no haber zarpado de Creta; así se habrían ahorrado este perjuicio y esta pérdida. Pero ahora los exhorto a cobrar ánimo, porque ninguno de ustedes perderá la vida; solo se perderá el barco. Anoche se me apareció un ángel del Dios a quien pertenezco y a quien sirvo, y me dijo: «No tengas miedo, Pablo. Tienes que comparecer ante el emperador; y Dios te ha concedido la vida de todos los que navegan contigo». Así que ¡ánimo, señores! Confío en Dios que sucederá tal y como se me dijo. Sin embargo, tenemos que encallar en alguna isla» (Hechos 27.13-26).

Permíteme ahondar un poco en el contexto. Pablo, anteriormente llamado Saulo de Tarso, recibió el ministerio camino a Damasco de una manera poco usual. Su llamamiento es sumamente milagroso. Pablo, edificador de tiendas, recibe de parte de Dios el ministerio de edificar su iglesia. Este es el cuarto viaje misionero del apóstol Pablo y uno en el que viaja en calidad de prisionero junto a otros prisioneros más que no estaban precisamente por las mismas razones en esa condición.

Los que compartían causa igual en esta embarcación eran algunos de sus discípulos, incluyendo a Aristarco y Lucas quien narra la historia de Hechos 1.1 y Lucas 1.3. Este es un viaje particularmente importante y con un propósito realmente transcendental. Sin embargo, está sucediendo en torno a un preso llamado Pablo, una embarcación y una terrible tempestad. Si hablamos de sucesos adversos muy dificultosos, este es un gran ejemplo.

El apóstol Pablo se encuentra en esta embarcación habiendo sido apresado por predicar el evangelio. El apóstol ha escrito seis epístolas, y después de este viaje, estando encarcelado en Roma, escribe ocho epístolas más. ¡Imagínate! Este suceso abrumador tiene un propósito tan trascendental respecto al evangelio. Sin embargo, Pablo se encuentra en medio de esta tempestad, no por decisión propia, sino por decisiones de otros. Y aún así, nada se sale del control de Dios para cumplir la misión. Veamos el versículo diez que nos muestra la advertencia del apóstol Pablo y la reacción orgullosa del centurión, del timonel y el dueño del barco.

> Se había perdido mucho tiempo, y era peligrosa la navegación por haber pasado ya la fiesta del ayuno. Así que Pablo les advirtió: «Señores, veo que nuestro viaje va a ser desastroso y que va a causar mucho perjuicio tanto para el barco y su carga como para nuestras propias vidas». Pero el centurión, en vez de hacerle caso, siguió el consejo del timonel y del dueño del barco. (Hechos 27.9-11)

Hay diversas razones por las que llegamos a estar en medio de un suceso doloroso o en medio de una tempestad o tragedia: 1) Por nuestras propias decisiones; 2) por las decisiones de otros; 3) por circunstancias naturales, que solo corresponde a la soberanía divina explicar. Lo cierto es que cuando estamos en medio de la tempestad por nuestra responsabilidad resulta más comprensible; cuando lo estamos por designio divino, si bien no lo comprendemos, no encontramos responsables aunque seamos tentados a ello; pero cuando es por decisiones de otros, la dificultad se acrecienta, porque sabiendo con exactitud las causas y sabiendo que se tuvo la oportunidad de decidir de manera diferente y evitar el daño, no se hizo así; esto genera en nosotros un deseo de venganza y «justicia» capaz de agobiarnos y tentarnos a no soltar el control ni nuestro supuesto derecho de venganza. En el caso de esta historia, la tempestad que amenaza con quitarles la vida es precisamente por la opción número 2: por decisiones de otros.

> «Cuando comenzó a soplar un viento suave del sur, creyeron que podían conseguir lo que querían, así que levaron anclas y navegaron junto a la costa de Creta». (Hechos 27.13)

A pesar de que el apóstol Pablo les había advertido de los peligros, ellos en su supuesto conocimiento náutico, la presión emocional que generaba pensar que los prisioneros podían escapar, los costos de operación, etc. «creyeron que podían conseguir lo que querían», al punto de no escuchar el consejo, ¿Te ha pasado? A veces llegamos a sufrir las consecuencias de las decisiones de otros, y la realidad es que ahora ya estamos en medio de una terrible tempestad que está arreciando. Recuerda que Pablo les había advertido los peligros y planteado las consecuencias. Dios siempre nos alerta y regularmente son nuestro orgullo, temor, creencias los que no nos dejan oír. Cuando no vemos con claridad debemos preguntarnos: ¿qué creemos y qué creemos querer? Porque si nuestras decisiones están basadas en el orgullo, están basadas en una mentira, en autosuficiencia, y esto siempre nos hace creer que queremos algo que realmente no queremos. Sigamos leyendo.

«El barco quedó atrapado por la tempestad y no podía hacerle frente al viento, así que nos dejamos llevar a la deriva». (Hechos 27.15)

Al estar en medio de la tempestad debido a nuestra autosuficiencia, esto nos deja atrapados en medio de ella, al punto de agotarnos tanto que preferimos dejarnos llevar a la deriva de las circunstancias, y es ese el momento crucial porque allí empezamos a soltar lo que no debemos soltar y abrazar lo que no debemos abrazar, entrando así a un estado de desesperanza muy peligroso. Veamos el versículo siguiente.

«Como pasaron muchos días sin que aparecieran ni el sol ni las estrellas, y la tempestad seguía arreciando, perdimos al fin toda esperanza de salvarnos». (Hechos 27.20)

Al pasar muchos días, sin sol ni estrellas, y una tempestad que sigue arreciando, tendremos la tendencia a perder toda esperanza de salvarnos. Y este versículo es clave porque al soltar la esperanza, abrazamos la desgracia y así seremos llevados a morir a la deriva, sin propósito ni trascendencia. Ante los sucesos adversos tendemos a abrazar lo que debemos soltar y a soltar lo que debemos abrazar. Notemos en este versículo lo que representa la ausencia del sol y las estrellas; desde la perspectiva bíblica, el sol representa a Dios mismo, representa al sol de justicia (Malaquías 4.2). Cuando estamos en medio de una tempestad sentimos que Dios no está allí y que nos encontramos en medio de una injusticia, y más aún si estamos en ella por decisiones ajenas a nosotros.

El texto nos dice que tampoco había estrellas; cuando no vemos el sol de día ni estrellas de noche es porque las nubes no te dejan verlos, no significa que no existan, significa que no podemos verlos. Imagínate el nivel de tempestad que no podían ver el sol ni las estrellas y, además, la tempestad seguía arreciando. El no ver las estrellas también tiene un significado aplicable a nuestras tempestades, es decir carecemos de dirección y guía. Perdemos de vista nuestro futuro y dirección cuando estamos en medio de las tempestades de la vida, la desesperanza se apodera de nosotros, nos convertimos en uno de esos prisioneros atribulados, en uno de esos tripulantes atemorizados llenos de angustia y aflicción esperando simplemente morir. Es entonces cuando debemos ser valientes para abrazar lo que Él nos da y soltar lo que Él nos pide.

En esta historia veremos al valiente Pablo siendo el instrumento de redención, pero esa valentía provenía de su identidad en Cristo; es la claridad y solidez de saber quién es y a quién pertenece lo que le lleva a permanecer firme emocionalmente en medio de esa amenazante tempestad. Pablo permanece firme ante tal tempestad porque Dios mismo lo preserva para un plan que Él ya ha determinado de antemano. Pablo no es salvado de una crisis personal privada desconectada del propósito, sino que es preservado durante la crisis debido a que pasar por ella lo dirigía a la siguiente etapa del cumplimiento del propósito. Veamos el siguiente versículo.

«Llevábamos ya mucho tiempo sin comer, así que Pablo se puso en medio de todos y dijo: "Señores, debían haber seguido mi consejo y no haber zarpado de Creta; así se habrían ahorrado este perjuicio y esta pérdida. Pero ahora los exhorto a cobrar ánimo, porque ninguno de ustedes perderá la vida; solo se perderá el barco"». (Hechos 27.21–22)

Me impresiona la valentía de Pablo, además de ponerse de pie en medio de todos aquellos hombres, aunque era prisionero, su situación no definía su identidad; por esa razón, les recuerda que hubieran podido evitar aquella pérdida, pero ya que están en medio de ella, él les declara su futuro: «Pero ahora los exhorto a cobrar ánimo, porque ninguno de ustedes perderá la vida; solo se perderá el barco».

Cuando Dios me dio la instrucción: «Sé valiente para abrazar lo que te doy y soltar lo que te pido», no imaginé todo lo que esto significaba. Al estudiar este texto bíblico comprendí. Ya sea por tus malas decisiones o por las de otros, lo cierto es que estás en una tempestad, te tocará soltar las «barcas» y abrazar la vida.

¿Qué representan las barcas? Las barcas son medios de navegación, son medios de transporte, son útiles y momentáneamente vitales porque mantienen la vida de los que van en ellas, pero representan un medio, no un fin, nadie se sube a una barca para vivir en ella; sin embargo, en medio de una tempestad, llegamos a aferrarnos a aquello que consideramos nos puede salvar la vida, al punto de preferir morir adentro de la barca que intentar nadar hacia tierra firme.

En una tempestad casi siempre habrá pérdidas; lo cierto es que en momentos trágicos, los seres humanos sabemos que lo que buscamos proteger y salvar es la vida, ya no importan las cosas. Sin embargo, cuando estas tempestades son emocionales, relacionales, económicas, sociales, espirituales, físicas, pareciera que no reaccionamos con esa claridad, queremos rescatar «las barcas», no queremos perderlas, y estando en medio de esa tempestad, decimos: «¡No, no, no quiero perder mi barca; ella me ha costado; ella significa años de trabajo; ella me ha dado valor, identidad, propósito, no puedo soltarla; que Dios me rescate con todo y mi barca...!».

Cuando Pablo se para en medio de ellos, les recuerda que ese perjuicio se hubiese podido evitar, para hacerles consientes de sus propias decisiones, y a la vez les recuerda cobrar ánimo porque ninguno perdería la vida, pero les aclara que sí tendrán que soltar la barca. Las barcas nunca son personas, pero puede ser que hayamos «usado» a personas como barcas, y Dios utilizará esa pérdida aún de relaciones para que sueltes a aquellos que has «usado» y quizás no has amado.

Ahora bien, yo me pregunto: ¿cómo sabía eso Pablo, por qué estaba tan seguro?

«Anoche se me apareció un ángel del Dios a quien pertenezco y a quien sirvo, y me dijo: "No tengas miedo, Pablo. Tienes que comparecer ante el emperador; y Dios te ha concedido la vida de todos los que navegan contigo"».
(Hechos 27.23-24)

¡Permíteme emocionarme, no lo puedo evitar! ¿Te das cuenta del fundamento de la valentía de Pablo? Declara: «Anoche se me apareció un ángel del Dios al que pertenezco y a quien sirvo». ¡Oh sí! Solo alguien que sabe a quién pertenece y sirve puede ser activado en una valentía divina en medio de las peores tempestades de la vida, solo si sabes quién eres y a quién perteneces puedes tener clara tu misión. Pablo había recibido su misión desde su conversión, tal experiencia de encuentro con Jesús le permitió tener clara no solamente su identidad sino su misión. El ángel le dice: «No tengas miedo, Pablo. Tienes que comparecer ante el emperador y Dios te ha concedido la vida de todos los que navegan contigo».

Me inspira la valentía de Pablo, el ángel le dice que no tenga miedo porque sin duda lo estaba enfrentando; saber quién eres y a quién perteneces no elimina el temor, al contrario, ese temor activa tu valentía divina para enfrentar lo que te atemoriza. Lo que sigue es impresionante. Dios le concedió la vida de todos los que navegaban con él, lo que significa que Pablo ya había orado por la vida de todos, no de algunos, sino de todos, todos, todos, incluyendo los que habían tomado la mala decisión por la cual estaban allí.

Cuando sabes quién eres, a quién perteneces y tienes clara tu misión, clamas valientemente por la vida de todos, clamas para que Dios les conceda la vida a todos, incluyendo a tus enemigos que te llevaron a estar en medio de esa desastrosa tormenta. Esa claridad te dará la confianza que podrías haber perdido, enfocará toda tu valentía para confiar en Dios y en sus promesas. Veamos el siguiente versículo.

«Así que ¡ánimo, señores! Confío en Dios que sucederá tal y como se me dijo». (Hechos 27.25)

Esta historia es sumamente profunda, para mí fue extremadamente reveladora. Porque ser valiente requerirá soltar las barcas y abrazar la vida, pero no cualquier tipo de vida, sino una vida para una misión eterna. La del apóstol Pablo incluía llevar el mensaje del evangelio a Roma, desde donde escribió prisionero las cartas que forman parte de el Nuevo Testamento de las Sagradas Escrituras: Filipenses, Efesios, Colosenses y Filemón. ¿Puedes ver la trascendencia de soltar la barca y abrazar la vida? Hoy estamos hablando de él debido a que enfrentó un suceso sabiendo quién era y a quién pertenecía. Sin embargo, ser valiente para soltar lo que Él nos pide y abrazar lo que Él nos da incluye un paso que no podemos evitar. Veamos el siguiente versículo.

«Sin embargo, tenemos que encallar en alguna isla». (Hechos 27.26)

Soltar incluye «encallar», algo que no nos gusta, porque significa quedar detenido, varar, atascar, inmovilizar, en resumen parar. Es parte de enfrentar un suceso difícil el aprender a soltar y a su vez abrazar lo que Dios nos da, que rescatará nuestra vida, pero incluye un momento de «encallar», de detenernos y ser conscientes de la tormenta vivida.

Es necesario detenerse...

Este tiempo inicia la siguiente fase de nuestra **V** de valientes: el proceso. El inicio de un proceso requiere consciencia y esta consciencia se despierta en medio del dolor posterior a aquel suceso que amenazaba nuestra vida. Nos gustaría leer en la historia que la misma mano de Dios hizo su aparición en medio de la tormenta y milagrosamente los sacó de ella, y aparecieron todos completamente sanos y salvos ante el emperador; sería una escena cinematográfica que nos haría descansar de la angustia vivida en los versículos anteriores, pero las cosas no suceden así. No dudo que Dios habría podido hacer ese tipo de milagros al estilo del Éxodo, pero claramente el orden de aparición de los sucesos nos da una clara referencia de pasos que debemos experimentar. Creo que detenerse es fundamental en el proceso de sanidad, restauración y resurrección. Parar es parte del proceso, un proceso de «pérdidas», de muerte, que te llevará a la resurrección, en otras palabras, te llevará a la verdadera vida.

Posiblemente estás en medio de una tempestad, un suceso de tu vida que no sabes cómo manejar, una tragedia inesperada que amenaza con arrebatarte la vida, una pérdida irremediable, una crisis que pareciera cambiar el resto de tu historia. Estás a punto de activar la mayor valentía de tu vida, estás iniciando el movimiento de la **V** de valiente: el suceso.

Ahora corresponde permanecer, soltar y abrazar. Soltar las barcas y abrazar la vida, soltar lo temporal y abrazar lo eterno, soltar nuestros medios y abrazar los suyos, soltar lo que creíamos nos protegía y abrazar su providencia, soltar «nuestro todo» y abrazar Su todo.

Te pondré un ejemplo: si hemos llegado a ver una relación humana como la fuente de nuestro único valor, posiblemente creeremos estar «amando demasiado» a esa persona, pero posiblemente podamos estar usándola para flotar y no ahogarnos en lugar de amarla de verdad. Podemos «utilizar» a personas como medio para llegar a un fin, podemos llegar a utilizarlas para anestesiar nuestros vacíos, pero finalmente no estamos dándoles amor sino demandándoles amor; por difícil que esto se lea, muchas veces aun nuestras relaciones más importantes se vuelven «barcas», porque hemos llegado a hacerlas de nuestro «uso» para fines egocéntricos.

Sabes, aun la relación con Dios puede llegar a convertirse en una relación utilitaria, en la que lo busco si hay problemas, le oro cuando lo necesito, pero no es una relación de amor verdadero en la que lo amo profundamente como respuesta al amor recibido de Él. Amarle según la Biblia se demuestra obedeciendo sus mandamientos como respuesta a desear honrarle y agradarle; su sola presencia es nuestra única necesidad, no solo sus bendiciones o sus favores. Es el contundente hecho de ser sus hijas y Él Nuestro Padre; queremos estar juntos porque nuestra relación es la esencia de la vida misma, no solo es útil para «sentirnos» bien, sino por sobre todas las cosas vivimos por Él y para Él. Si somos flechas que se dejan tomar y son soltadas por el Arquero para acertar al blanco podremos fluir sin abrazar lo que Él nos pide que soltemos y sin soltar lo que Él nos pide que abracemos. Es momento de abrazar su propósito y destino eterno, y soltar todo aquello temporal y pasajero que nos aprisione al pasado. Ahora comprendo por qué no debo creerme la arquera, debo recordar que soy flecha; si tomo posición de arquera podría aferrarme y no soltar o perder mi posición y nunca acertar al destino verdadero.

ORACIÓN VALIENTE

Señor te amo porque tu me amaste primero, quiero obedecerte porque tu obedeciste primero y quiero rendirme porque tu Jesús te rendiste a la voluntad de tu Padre y por eso ahora yo puedo rendirme y obedecer al mismo Padre de Amor al que Tú me diste acceso. Te obedezco en amor y no en obligación o culpa, te obedezco porque te amo.

PASO VALIENTE

¿Qué te está invitando a soltar? ¿Debes detenerte y meditar? El paso más valiente muchas veces es «parar» y dejar de «salvar» lo que debe soltarse. Toma un momento para hacer silencio valiente y escuchar lo que Dios hable a tu corazón. Suelta y abraza lo que Él te indique. Oro por ti y contigo.

Capítulo 3

¿POR QUÉ NO PUEDO SOLTAR?

——— Diario de una arquera valiente ———

Me siento frustrada, estoy agotada y me duele la espalda, casi no siento los dedos, no he logrado el ritmo necesario al momento de soltar la cuerda para tirar la flecha, he estado tan tensa que los dedos se me durmieron. Sigo luchando con la tensión de hacerlo perfecto, tengo miedo de fallar. Yessi hoy me volvió a recordar que debo disfrutar, creo que mis miedos a fracasar se asoman aun en mis clases de tiro. Estoy cansada, tengo ganas de llorar. No ha sido fácil, creo que tengo una catarsis del pasado.

Hoy fue un día difícil, los nenes se enfermaron y estuve pendiente toda la noche, no pude dormir bien, debí levantarme muy temprano a preparar todo para ellos y creo que llegué a la clase sin ánimos y triste. Se me notó tanto que fallé casí todas las flechas al blanco, de nuevo Yessi se acercó y me dijo:

—Solo disfruta, no revises tus tiros y tu posición tan seguido, solo sigue tirando, estás aprendiendo, no puedes exigirte más de la cuenta. Esto lleva tiempo y solo se aprende tirando y fallando, para luego afinar la puntería, alinear tu cuerpo, mente y corazón al blanco. Tu flecha siempre apuntando al centro. Descansa. Mañana será mejor.

Casí lloro, a veces siento que no podré ser la mamá que mis hijos necesitan, me canso y me frustro. Respiro fe de nuevo, te cantaré: «Sé **tú** el primero» y seguiré tirando.

¿Por qué no puedo soltar?

Si estás en la etapa de no querer o no poder soltar el pasado, relaciones, posiciones, proyectos, ideas, logros, porque sientes que si lo haces morirás, es un buen momento para revisar por qué no puedes soltar. Debido a que nuestras manos particularmente son las encargadas de agarrar y sostener en la mayoría de los casos, quiero utilizar nuestras manos para revisar cinco aspectos clave que nos facilitan esta acción voluntaria de soltar y sostener. Analizaremos estos cinco aspectos que estarán ejemplificados con cada uno de los dedos de nuestra mano. Me he topado siempre con esta pregunta: ¿cómo hago para soltar eso que me lastima o daña? ¿Por qué no puedo cerrar ese ciclo en mi vida? Y sabes, creo que es necesario reconocer ciertas áreas en nuestra vida que deben ser atendidas. No todo es un asunto espiritual, debemos reconocer que nuestro cuerpo y nuestra alma también tienen necesidades específicas que hemos descuidado.

Permíteme utilizar una actividad ilustrativa:

Mira tu mano. En serio, mírala por un momento. Tienes cinco dedos ¿verdad? No, aún no te rías de mi pregunta. Mírala de nuevo. Tu mano habla de ti, habla de cuánto te cuidas, cuántas actividades haces con ella, a qué te dedicas.

Por ejemplo, mis manos dicen que soy mamá, que hago varias actividades del hogar con ellas, que hago ejercicios y que recibo clases de tiro al blanco (por cierto, mi dedo índice, anular y del medio están agotados debido a las clases de tiro). Sí, tengo uñas cortas porque atiendo a mis hijos, cocino y utilizo mucho mis manos para crear, también tengo una que otra cortadita que revela que no soy muy diestra con los cuchillos, alguna que otra callosidad debido a las pesas que utilizo para entrenar en el gimnasio. Las manos también dicen que tomo suficiente agua porque cuando no lo hago están muy resecas, y me dicen si las cuido o no utilizando su respectiva crema humectante. En fin, las manos hablan.

Mueve tus dedos, ves como cada uno tiene un movimiento particular y distinto. Por ejemplo, solo el dedo pulgar puede moverse en dirección a todos los dedos, los demás solo pueden moverse limitadamente. El meñique llegará a lugares que los otros no pueden. Benditos dedos; cada uno es muy importante. Así como todos se accionan e interactúan para agarrar y soltar, para escribir, comer, vestirte, bañarte, tocar y amar. Por ejemplo, para tirar de la cuerda sosteniendo el arco, los tres dedos, tanto el índice, el del medio y el anular hacen una fuerza compartida; el del medio hace el cincuenta porciento del trabajo, el índice el veinte porciento y el anular el treinta porciento. Por eso te compartí que de tanta tensión aplicada, se me durmieron... casi se me caen, bromas, pero así sentía.

De igual manera, cada aspecto de nuestra vida entra en juego en la acción valiente de soltar y agarrar, pero esta acción valiente tiene que ver con una capacidad que todo ser humano tiene si decide desarrollarla, así que voy a introducir el siguiente concepto; para algunas puede ser muy familiar y para otras novedoso. Hablaremos de la resiliencia. La palabra «resiliencia» proviene del latín *resilio, resiliere* que significa «saltar hacia atrás, volver a saltar, rebotar, reducirse y comprimirse». En ingeniería, proviene de la física de los materiales elásticos que tienen la capacidad para devolver la energía sin absorberla, resistir la presión, doblarse con flexibilidad y recobrar su forma original. Esta es la característica precisa que posee el arco y la cuerda.

En psicología se refiere a la capacidad de las personas y las comunidades para sobreponerse a las pérdidas o el dolor; a la aptitud para continuar con su vida ante situaciones adversas. Esto implica un proceso dinámico en el que la persona se reconstruye a partir del suceso traumático o crítico.

Es una característica cambiante. No se posee. Siempre cambia dependiendo del momento, circunstancias y el tipo de pérdida y crisis en las que se encuentre la persona. «El ser humano está en un cambio constante».

Ser resiliente no es solamente «recuperarse», conlleva un crecimiento hacia algo diferente. Consiste en dar un paso más delante de lo que éramos antes de la crisis o ese suceso inesperado.

Así que veamos estos cinco aspectos que interactúan para desarrollar una persona valiente-resiliente. Observa la gráfica conmigo; esta gráfica me ayudó mucho a revisar y cuidarme durante el proceso.

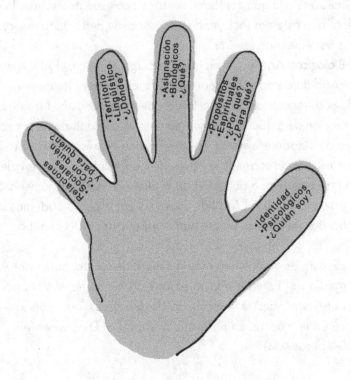

Si observas la gráfica conmigo, cada área de la que hablaremos está conectada a una respuesta de las grandes preguntas de nuestras vidas. La respuesta a la pregunta ¿quién soy? está vinculada con nuestra identidad e incluye los aspectos psicológicos de nuestra vida; la respuesta a la pregunta ¿por qué y para qué existo? está vinculada a nuestro propósito e incluye el aspecto espiritual; la respuesta a la pregunta ¿qué hago? está vinculada a nuestra asignación en la vida e incluye el aspecto biológico de nuestro diseño; la respuesta a la pregunta ¿dónde lo hago? está vinculada a nuestro territorio que incluye los aspectos lingüísticos, es decir la historia de nuestro lugar de nacimiento, creencias y estructuras del contexto donde nacimos, estas pueden ser limitantes o empoderadoras; la respuesta a la pregunta ¿con quién y para quién? está vinculada a nuestras relaciones e incluye el aspecto social. Veamos una breve explicación de lo que conforman estos cinco aspectos, tomando en cuenta que estamos incluyendo uno por cada dedo de tu mano, ya verás para qué nos servirá:

Biológicos: Aquí entra en juego la carga genética, el ADN genético recibido de nuestras generaciones. Es decir, tu temperamento biológico heredado. Es importante que comprendamos que es la interacción de carácter y temperamento lo que determina la capacidad de autodeterminarse y reinventarse. El carácter de Cristo en nosotros, siendo formado a través de Su Espíritu, es por excelencia el más poderoso potencial de resiliencia en el ser humano. La sangre de Cristo es el ADN de Dios y es por ella que podemos ser purificados en nuestra sangre humana y nuestro ADN genético.

«Si esto es así, ¡cuánto más la sangre de Cristo, quien por medio del Espíritu eterno se ofreció sin mancha a Dios, purificará nuestra conciencia de las obras que conducen a la muerte, a fin de que sirvamos al Dios viviente!». (Hebreos 9.14)

Psicológicos: Este incluye el ADN emocional, toda la información que recibimos generacionalmente no solo incluye la genética de sangre, sino la información emocional. Las habilidades para relacionarnos con nuestro entorno y seres queridos. El amor y la aceptación. La inteligencia emocional, la identidad, la autoestima saludable. La flexibilidad y adaptabilidad ante las circunstancias. En otras palabras, la resiliencia es un aspecto que incluye inteligencia emocional, y la gran noticia es que esta puede desarrollarse.

Sociales: Entra en juego la cultura, sociedad, educación, el contexto familiar en el que nos desenvolvemos desde que somos niños. No significa que tu contexto te defina, tanto si es saludable o enfermizo sin duda influirá en la toma de decisiones, pero tenemos libre decisión y capacidad de analizar.

Espirituales: La fe es el factor resiliente por excelencia, la trascendencia y el propósito espiritual que, al conectar con Jesús y lo anteriormente explicado, puede transformar nuestra vida y el resto de las cosas. En este aspecto se resuelve la realidad eterna del ser humano, a través del sacrificio perfecto de Jesús en la Cruz del calvario tenemos acceso al perdón de nuestros pecados, por lo tanto a pasar de muerte a vida, y a la muerte eterna que se refiere al estar separados de Dios. Por esa razón, el aspecto espiritual es por excelencia el potencial resiliente al que todos los seres humanos tienen acceso, sin importar el grado de autodestrucción en el que estén, mientras tengan vida tendrán esperanza de decidir abrir voluntariamente su corazón a Jesús y reconocerle como el único Señor y Salvador. Este es el punto de partida de toda la humanidad hacia la resiliencia divina.

Lingüísticos: Los mensajes e información que han forjado nuestras creencias potenciadoras o limitantes. Todas nuestras creencias se formaron a través de información, esta llegó a nuestros sentidos por medio del lenguaje, palabras y códigos que forman imágenes que se han almacenado en nuestro cerebro. Toda información o creencia limitante o potenciadora ha sido guardada en nuestro cerebro asociada a imágenes.

Puede sonar algo tediosa esta información, pero de manera simple estos son los aspectos que conforman nuestra vida; revisar cada uno de estos aspectos como revisar cada dedo de tu mano, te ayudará a descubrir dónde hay un dolor o daño que necesita ser atendido con todo tu interés, porque puede ser la razón de no poder soltar aquello que nos daña.

―――― Comprendiendo cómo funcionamos ――――

Nuestras heridas emocionales o físicas, tanto traumas o acontecimientos que dejaron registros muy dolorosos en nuestra memoria, están asociados con una imagen, esta imagen desata en nosotros una cadena de sensaciones, sentimientos y emociones que estimulan nuestra reacción o conducta.

Las palabras y acciones crearon una información que se almacenó en nuestro cerebro como una creencia, las creencias desarrollaron sistemas de pensamiento, estos impulsan nuestra conducta y nuestra conducta la percepción externa de nuestra llamada personalidad. En otras palabras, las creencias estan asociadas a imágenes.

> *Las creencias estan asociadas a imágenes.*

Por ejemplo, no olvidaré que cuando tenía cuatro años de edad y descubrí los fósforos empecé a jugar con ellos, me escondí debajo de mi cama porque sabía que mi mamá me los quitaría, ya que los fósforos no eran un juguete, estaban prohibidos para mí, así que me escondí con ellos y empecé a frotar el fósforo contra la cajita y, como has de imaginarte, descubrí el fuego. El problema es que estaba debajo de la cama y siendo una niña de cuatro años, no supe cómo reaccionar.

Sí, como te imaginas, me quemé uno de los deditos, pero gracias a que empecé a gritar y a llorar, mi mamita llegó justo a tiempo y no hubo un incendio. ¡Gracias a Dios! Él preservó mi vida. Pero esa sensación e imagen se guardó en mi cerebro al punto que no volví a tocar un fósforo hasta los nueve años, sin embargo la imagen asociada y las sensaciones guardadas en mi mente no me permitieron lograr encenderlo. En mí se había instalado la creencia: ¡no puedo volver a tocar un fósforo! Incluso llegué a los quince años sin atreverme a encender uno. Cualquiera se hubiese reído de mí y me hubiese podido juzgar de «miedosa», no obstante lo que las personas podían ver por fuera no era exactamente mi personalidad, sino el resultado de aquel trauma que grabó una imagen en mi cerebro quedando almacenada como recuerdo, el cual envió una información a mi cerebro que estableció una creencia y esta un sistema de pensamiento que por fuera era una conducta o «forma de ser» que decía: ¡aléjate de los fósforos! Ahora los puedo encender pero aún les guardo respeto.

Entonces, si todas nuestras conductas son el resultado de nuestras creencias, y nuestras creencias se forjaron por la información previa recibida a través de palabras y acciones que formaron imágenes que se almacenaron en nuestra memoria emocional e intelectual, a partir de esto comprendemos que nuestras memorias o recuerdos están manejando nuestra vida entera, de hecho nuestras decisiones son resultado de estas memorias conscientes o inconscientes. Al hablar de las imágenes estamos hablando de memorias conscientes, las que recordamos con facilidad, y las inconscientes son aquellas que quedan guardadas, pero hemos tratado de bloquear o reprimir debido a que nos traen sensaciones no agradables.

Volviendo a la ilustración de los dedos de la mano. Como te mencioné, nuestra mano tiene dos movimientos básicos, flexión y extensión, que incluyen agarrar y soltar. Soltar es un movimiento voluntario dirigido por nuestro cerebro, el cual recibe la información que nuestras emociones sienten y responde a ellas a través de la voluntad, que es la acción evidente de aquello que hemos decidido. Pero si en los cinco aspectos que hemos mencionado nos hemos quemado con un fósforo alguno de los dedos, sin duda alguna nuestro dedo se encontrará lastimado y no responderá de manera inmediata a la orden de soltar o agarrar. Si mi identidad está herida por alguna experiencia, aunque esta sea inconsciente, no me permitirá soltar aunque esto esté lastimando mi vida o no me permitirá sostener aunque esto pueda salvarla.

Nuestras decisiones son el resultado final de un sistema de creencias, como hablamos anteriormente; nuestras creencias están construidas por toda la información y el conocimiento adquirido. Esa información está constituida por nuestro ADN genético, emocional y espiritual. El ochenta por ciento de esa información está en nuestro inconsciente y el otro veinte porciento está en nuestro consciente. Nuestra razón maneja la información de la que somos conscientes, pero nuestras emociones, sensaciones y sentimientos están influidos por todo nuestro ser, es decir la información inconsciente que también está en nuestro ser. ¿A qué me refiero con inconsciente? Son los procesos mentales que ejecutamos de manera automática, como la respiración.

Por ejemplo, para la gran mayoría no es cosa nueva que nuestra salud mejoraría si comiéramos bien e hiciéramos ejercicio físico regularmente. ¿Por qué si todos sabemos que esto es bueno y de importancia vital, no lo hemos hecho consistentemente? ¿Por qué no hemos soltado los malos hábitos y abrazado los buenos? Podríamos responder: orgullo, necedad, desinterés, apatía, etc. Ahora bien, ¿qué representa todo lo mencionado? Podemos decir: ¡no nos da la gana! Pero, ¿crees que las personas se hacen daño a sí mismas de manera consciente? ¿Crees que pecamos con verdadera consciencia del daño que nos hacemos a nosotros mismos y a otros? Uff, vaya preguntas... Déjame explicarte antes de que tires por la ventana el libro. Dame unos minutos más...

> *Nuestras decisiones son el resultado final de un sistema de creencias, como hablamos anteriormente; nuestras creencias están construidas por toda la información y el conocimiento adquirido.*

Jesús en la cruz dijo una frase que fue traída por su Espíritu a mi memoria y por días no me dejó en paz, justamente porque no estaba en discusión si yo debía perdonar, era claro para mí. El punto radicaba en si decidiría hacerlo y además dejaría que Él me sanara profundamente para permanecer firme ante tal suceso doloroso. Muchas personas se levantan de las tragedias, y no de una como la mía, de tragedias irrecuperables o irreversibles, pérdidas tan atroces que serían capaces de sumirlas en el dolor de por vida, y al verlas confirmo que somos diseño divino, pero la diferencia las hace levantarse con un corazón resucitado, con un corazón que sobrevivió y despertó a su verdadera identidad durante el proceso y que no se deformó o volvió impenetrable construyendo corazas destructivas. Sino uno que se volvió fuerte a través de una experiencia superior de resurrección a una vida mejor, que no se roba su verdadera identidad sino la activa.

—Padre —dijo Jesús—, perdónalos, porque no saben lo que hacen». (Lucas 23.34)

Me pregunté: ¿no saben lo que hacen? ¿Qué? Jesús... ¿Cómo puedes decir eso? Lo están haciendo con alevosía y ventaja...

Sí, seguro que sabían lo que hacían en su entenebrecido entendimiento, querían dañar, estaba escrito que el perverso corazón de la humanidad actuaría así. En realidad, quienes crucificaron a Jesús estaban convencidos de que Él era una amenaza para sus sistemas humanos. Notemos que dañamos a otros cuando sentimos amenazados nuestros sistemas humanos o mecanismos humanos de autoprotección o de «seguridad»; en nuestro afán de protegernos perdemos de vista que en realidad no estamos salvándonos sino perdiéndonos.

He atendido en consejería a muchas mujeres, matrimonios, jóvenes y niños. Y en la mayoría de los casos, la persona que daña y peca contra Dios, contra sí misma y contra el otro, jura no estar en un error, se justifica, lo niega o alega que no sabe por qué lo hizo. Y he llegado a la conclusión de que tiene sentido lo que dicen. En otras palabras, nuestra inconsciencia viene precisamente de vivir en un pensamiento egocéntrico y autosuficiente; cuando estamos siendo conducidos por nuestra mente en autosuficiencia y orgullo, apoyada en su propia prudencia, actuamos así sin saber que estamos perdiendo la vida. Encuentro la base de este pensamiento autosuficiente en Mateo 16.25:

«Porque el que quiera salvar su vida, la perderá; pero el que pierda su vida por mi causa, la encontrará».

La autosuficiencia es un engaño de nuestra propia mente a nosotros mismos, es la batalla entre el espíritu y la carne, entre la luz y las tinieblas. El orgullo es una idea de nosotros mismos que casi siempre está equivocada. ¿Sabes por qué? Porque la verdadera identidad establecida en lo que Dios dice de nosotros, no es egocéntrica, es Cristocéntrica, por lo tanto es humilde, sabe exactamente su valor y no puede ser destruida por ninguna opinión o idea externa. Por esa razón Jesús, desde la cruz, puede declarar: perdónalos, ellos ni siquiera saben quién soy yo, por lo tanto no saben ni quiénes son ellos, están inconscientes de la verdad y, por ende, no saben que están matando su salvación. Perdónalos.

> *La verdadera identidad establecida en lo que Dios dice de nosotros, no es egocéntrica, es Cristocéntrica, por lo tanto es humilde.*

Ahora para aclarar la idea. El pecado no se justifica diciendo: «Estaba inconsciente. No soy culpable». Claro que no, esto solo explica algunas causas de nuestras decisiones destructivas. Tal inconsciencia, tal desconexión, tal rebelión es una decisión o muchas que se han ido tomando basadas en nuestro orgullo. No podemos justificar nuestras decisiones pecaminosas, no podemos decir: «Soy ignorante». Podemos decir que no he decidido ser consciente de mi rebelión y de mi sigiloso, pero muy claro alejamiento de la verdad. Sí, decidir estar alejado de Dios está en nuestra naturaleza, peligrosa, llena de inconsciencia y maldad. Por eso no es juego ni fantasía decir: «Bueno, la gracia me deja pasar este "pecadillo"».

Para el que perdona la ofensa más le vale comprender que él mismo ha sido perdonado o simplemente quedará atascado en el: «¡Claro que sabían lo que hacían!». ¿A qué quiero llegar con esto? Sí, hay en el inconsciente información que debemos entregar a Jesús para que Él sane, para que al ser consciente deje de ser un enemigo desconocido, para que podamos decir que no desconocemos sus artimañas y maquinaciones. Debemos descubrir de dónde provienen esos virus destructores del sistema. Que no permiten que los programas corran y que pone lento el ordenador y, lo que es peor, contaminan los programas verdaderos y necesarios. ¿Cómo sucede esto? A través de la obra del Espíritu Santo en nuestras vidas y Su Palabra que alumbra nuestro entendimiento; es exactamente lo que sucede en el texto de Romanos 12.2 y el salmo 119.130. Sucede algo fundamental al reconocerse sencillo y exponerse a Su Palabra; somos alumbrados y lo que necesitábamos reconocer, que estaba en nuestro inconsciente, viene al consciente y voluntariamente le entregamos a Dios esa memoria o recuerdo para que reprograme nuestra mente, corazón y cuerpo.

«No se amolden al mundo actual, sino sean transformados mediante la renovación de su mente. Así podrán comprobar cuál es la voluntad de Dios, buena, agradable y perfecta». (Romanos 12.2)

«La exposición de tus palabras nos da luz,
      y da entendimiento al sencillo». (Salmos 119.130)

Como te dije anteriormente, nuestro ser completo es como un ordenador, trae programas de fábrica que son vitales y no necesitan información externa para correr. Ya vienen instalados. Me refiero a todos los sistemas del cuerpo: sistema circulatorio, respiratorio, digestivo, nervioso; todos nuestro sentidos funcionan con información de los programas de fábrica. A medida que vamos creciendo, las experiencias externas empiezan a ingresar información a todo nuestro ser, y es cuando lo que estaba diseñado para correr con fluidez y para actualizarse constantemente empieza a fallar.

Existe todo un sistema de creencias e información genética, emocional y espiritual del que no estamos conscientes, que también interactúa al momento de tomar decisiones. Si todas nuestras decisiones dependieran de nuestro consciente, sería simple ingresar información correcta y tener acciones correctas correspondientes a esa información. Sería un acto simple de causa y efecto. Sin embargo, no sucede así con todas nuestras decisiones. Sabemos en nuestro consciente que somos hijas de Dios y que nuestra identidad está sana y salva en Él; sabemos que nuestro valor solo lo define Él; sabemos que nos ha dado una asignación eterna y que nuestras relaciones humanas terrenales no pueden convertirse en nuestros «salvavidas». (¿Lo sabías? Si no es así, sigamos leyendo). Entonces, si nuestra razón, nuestro consciente tiene tanta información que nos debería dar la seguridad que necesitamos, ¿por qué seguimos teniendo miedo de soltar aquello que pone en riesgo nuestra vida?

De corazón quiero compartirte esto, porque cambió mi manera de interpretar los sucesos más dolorosos de mi vida a la luz de las Escrituras, iluminando los lugares más oscuros y desconocidos de mi alma, y es Su luz, la luz de Su Palabra la que tiene el poder de reinterpretar tus sucesos dolorosos y transformar esa interpretación en una nueva narración que traerá vida. En su luz veremos la luz.

Permíteme compartirte algo respecto a la interpretación. La información es captada por nuestros sentidos, llevada a nuestro cerebro, el cerebro codifica y decodifica la información obtenida, la procesa en base a conocimientos previos adquiridos, y el resultado es la interpretación que se establece en la mente como la descripción de lo sucedido. En otras palabras, no es lo que sucede, sino lo que tú interpretas que sucedió lo que hace la diferencia.

> No es lo que sucede, sino lo que tú interpretas que sucedió lo que hace la diferencia.

Sin embargo, ante un suceso inesperado, la decisión de permanecer es clave porque se manifestarán tus emociones y el estado real de tu carácter. Las emociones se ven completamente inhabilitadas para mantener el equilibrio. Te quiebras, quieres sucumbir ante tal adversidad. Quisieras huir y, por qué no decirlo, quisieras dejar de existir. Y justamente en ese *shock* emocional, cuando todo nuestro ser recibe una señal de alarma a la supervivencia, en ese estado de angustia y aflicción, brota de nuestro ser el carácter que se ha forjado hasta ese momento y, lo que es mejor, se forjará aún más; en ese punto pasan dos cosas: o se activa la verdad que nos sostiene más allá de lo voluntario, más allá de nuestras capacidades humanas, o sucumbimos y tomamos decisiones que nos alejarán aún más de Dios. Sin embargo, creo que tus creencias espirituales y tu consciencia de ser una hija de Dios se activan, se despiertan, y reaccionas ante las circustancias con valentía, aunque debes pasar por el sufrimiento, llanto, los deseos de renunciar, la desesperanza; debemos vivirlo o no experimentaríamos ese momento cuando en el espíritu se activan todas las promesas de Dios dadas en Su Palabra y se levanta una fortaleza divina que empieza a luchar en contra de todas las amenazas a tu vida.

Por esta razón, la manera en que interpretes lo que estás viviendo dependerá de quién eres porque el quién determinará tu qué y tu porqué.

Viktor E. Frankl, el médico neurólogo y psiquiatra fundador de la logoterapia, sobreviviente de los campos de concentración nazis de Auschwitz y Dachau, cita al filósofo Friedrich Nietzsche en su obra *El hombre en busca de sentido*:

> «Y yo me atrevería a decir que no hay nada en el mundo capaz de ayudarnos a sobrevivir, aun en las peores condiciones, como el hecho de saber que la vida tiene un sentido. Hay mucha sabiduría en *Nietzsche* cuando dice: «Quien tiene un porqué para vivir puede soportar casi cualquier cómo».[1]

Todo suceso en nuestra vida tiene el potencial de ser un mensaje de parte de Dios o un regalo de parte de Dios. Si tu por qué y para qué está sustentado por un propósito superior a ti misma o a las exigencias sociales, entonces podrás enfrentar dicho suceso, y este se convertirá en una oportunidad para revisar nuestra vida y, tal como el ejemplo de la mano que vimos anteriormente, podremos entregar a Dios toda esa información nociva que está ensuciando nuestra mente, esos virus en el ordenador que lo pondrán lento y finalmente lo bloquearán. En otras palabras, ese suceso tiene el potencial de construirte y no de destruirte si dejas que Dios intervenga en medio de todo. El suceso puede revelarte tu valentía y resiliencia divinas con las cuales podrás seguir hacia el avance de tu vida.

> *Todo suceso en nuestra vida tiene el potencial de ser un mensaje de parte de Dios o un regalo de parte de Dios.*

Los aspectos de la resiliencia te serán de suma utilidad. Una de las razones por las que muchas mujeres que he tenido el privilegio de atender a lo largo de mis años, tanto como psicóloga, pastora, líder espiritual, consejera o amiga, en terapias, consejería y procesos de sanidad, no logran avanzar en su proceso es porque no saben cómo integrar las verdades bíblicas a los aspectos del cuerpo físico o las emociones, es decir, somos seres espirituales, que vivimos en un cuerpo físico con necesidades biológicas, psicológicas, sociales, etc.

Por eso uno de los desafíos que más disfruto es desarrollar y establecer rutas claras que nos permitan integrar esas verdades bíblicas dando pasos valientes, dirigidos por el Espíritu Santo; sin embargo, claro está, no tienen por qué ser confusos y reservados solo para unos cuantos, ya que la Biblia nos habla con claridad sobre nuestro ser trino, espíritu, alma y cuerpo. Dios mismo, quien es trino, nos enseña a través de Jesús y por el obrar de Su Espíritu Santo, cómo sanar, cómo activar nuestra verdadera identidad y cómo cuidarnos integralmente sin dejar de lado nuestro cuerpo, alma y espíritu. Por eso quiero invitarte a revisar estos aspectos de tu vida, porque corresponden a un diseño divino que puedes activar por medio de reconectarte con Su Espíritu y Su Palabra en tu vida.

La resiliencia no es una herramienta que me aprendo y aplico. Es un cambio en la forma de observar e interpretar, que nos permite ver la situación desde otra perspectiva. Por eso digo que toda resiliencia es divina. Hay quienes lo reconocen inmediatamente, otros tardan más. Ahora bien, la verdad es que el ser humano sin el potencial divino sería incapaz de resurgir, siempre existe una experiencia sobrenatural que nos impulsa.

Entonces, respondiendo la pregunta con la que inicié: ¿por qué no puedo soltar? Bueno, tengo uno de mis dedos incapaz de responder a la orden de mi cerebro. Esto representa que uno de los cinco aspectos debe ser revisado y sanado, de manera que mis dedos respondan y suelten para que salve mi mano, mi vida y mi destino. Si mis dedos son capaces de agarrar y soltar, se contraen y expanden, entonces toda mi vida desarrollará resiliencia divina. Dios ya me la dio, me toca desarrollarla.

Poderosamente simple y profundo, nuestro corazón ha guardado imágenes como memorias que sin darnos cuenta se han convertido en imágenes constructivas o destructivas. Si son destructivas, estas funcionan como «ídolos», sin darnos cuenta las heridas y los traumas asociados a una experiencia que se grabó en nuestra memoria de largo plazo, han modificado nuestras creencias y estas siguen conduciendo nuestros pensamientos y, por lo tanto, nuestras conductas.

> *La verdad es que el ser humano sin el potencial divino sería incapaz de resurgir, siempre existe una experiencia sobrenatural que nos impulsa.*

Un «ídolo» es algo o alguien que no es Dios, al que le damos un lugar de poder y autoridad; sé que te sorprenderá verlo desde esta perspectiva, pero yo tuve que pasar por este proceso profundo de encontrar varios ídolos en mi vida, eran imágenes y creencias del pasado basadas en mentiras y falsos argumentos que no había descubierto, que tenían poder en mi vida y autoridad, al punto que manejaban mi conducta porque estaban en mis creencias y en mis memorias establecidas allí con autoridad y poder usurpado.

He aquí el meollo del asunto de por qué debemos pasar por el proceso, no solo por el suceso. Lo explico todas las veces que puedo. La razón por la que recibimos a Cristo como Señor y Salvador y resolvemos el problema de la muerte espiritual eterna, no nos garantiza que resolvamos el problema de la vida temporal abundante, a menos que el suceso del nuevo nacimiento nos lleve al proceso de la nueva criatura. En otras palabras, a menos que permanezcamos siendo limpiados en nuestro ordenador cerebral, no comprobaremos que la voluntad de Dios es buena, agradable y perfecta, seguiremos tropezándonos en nuestra voluntad y autosuficiencia.

> Un «ídolo» es algo o alguien que no es Dios, al que le damos un lugar de poder y autoridad.

No me canso de repetírmelo: «Kristy estás en proceso hasta que llegues al cielo, estás en proceso; tu nueva criatura sigue siendo formada y enseñada, sigues muriendo y soltando lo que Él te pide y abrazando lo que Él te da». Repite conmigo: «El nacimiento de nuevo es un suceso, pero la nueva criatura es un proceso». Sin proceso no hay progreso y sin suceso no inicia el proceso.

Así que la transformación y renovación del entendimiento incluye todas tus memorias celulares, tus memorias intelectuales y emocionales. La transformación de las creencias una a una, de la genética y la codificación celular. Esta transformación en la información del ADN requería un ADN divino y perfecto, uno celestial. Te das cuenta por qué debía ser un sacrificio de sangre, un derramamiento de sangre, el cordero expiatorio, que quitó el pecado del mundo. El acceso a la identidad de hijos, el nuevo nacimiento, la oportunidad de volver a vivir, de regresar al vientre, pero no materno, sino al vientre del origen de todos, el corazón mismo del Padre.

Permíteme explicarte de esta manera que se pone un poco más intensa. Sé que suena a información científica un poco complicada, pero estoy firmemente persuadida de que sin conocimiento perecemos, y llevo años atendiendo a gente que ha sido cristiana toda su vida y no lograba comprender por qué seguía cayendo en los mismos vicios, pecados, depresiones, ataques, enfermedad, etc. No digo que esto sea el gran descubrimiento, nada hay nuevo bajo el sol. Yo solo estoy integrando información que pueda traernos sentido y luz para caminar en medio de tanta oscuridad y, sobre todo, que paremos ya de creer que Dios no ha hecho algo por nosotros, Él ya lo hizo todo; necesitamos armar este rompecabezas y comprender que como seres trinos tenemos varios frentes por los cuales atacar al enemigo.

> *«El nacimiento de nuevo es un suceso, pero la nueva criatura es un proceso».*

A pesar de haber conocido a Dios, no lo glorificaron como a Dios ni le dieron gracias, sino que se extraviaron en sus inútiles razonamientos, y se les oscureció su insensato corazón. Aunque afirmaban ser sabios, se volvieron necios y cambiaron la gloria del Dios inmortal por imágenes que eran réplicas del hombre mortal, de las aves, de los cuadrúpedos y de los reptiles.

Por eso Dios los entregó a los malos deseos de sus corazones, que conducen a la impureza sexual, de modo que degradaron sus cuerpos los unos con los otros. Cambiaron la verdad de Dios por la mentira, adorando y sirviendo a los seres creados antes que al Creador, quien es bendito por siempre. Amén. (Romanos 1.21–25)

Sin duda, estos son versículos de la Biblia que no nos gustará leer, primero que todo porque quisiéramos solo las partes motivacionales de esta, pero el evangelio completo es completo. Esta es la realidad a la que yo me enfrenté; te hablaré de mí porque no me es menester definir el futuro de nadie más, tengo responsabilidad sobre mí y sobre mis hijos mientras Dios me los preste, pero la gran pregunta que nos surge en momentos de crisis, cuando se nos rompe toda la imagen que habíamos creado sobre nuestro futuro, es: ¿qué pasó?

Estamos en tiempos realmente peligrosos, la deserción de la fe cristiana está siendo cada vez más sutil y sin percatarnos de ello cada golpe a nuestras esperanzas puede debilitar nuestra fe y estar muriendo de a poco, y sin ser conscientes caer sigilosamente en un estado de frialdad espiritual. Por favor, quiero asegurarte que esto es para mí misma, no para otros, yo debo revisar constantemente mi estado espiritual.

> *Él ya lo hizo todo; necesitamos armar este rompecabezas y comprender que como seres trinos tenemos varios frentes por los cuales atacar al enemigo.*

El versículo que leímos dice que a pesar de haber conocido a Dios, no lo glorificaron como a Dios ni le dieron gracias. Para mí está claro que uno de los primeros síntomas de estar alejándome de Dios es la falta de gratitud y de adoración y glorificación a Él, y al centrar el evangelio en mí misma el siguiente paso es razonarlo todo; el cerebro está diseñado para hacerlo y por eso debemos comprender que nuestro cerebro nos puede empujar a no «sentir» con el corazón, a no «pensar» con el corazón, sino a analizarlo todo, y aunque la fe y la ciencia corresponden graníticamente a un diseño divino, el cristianismo requiere de ambas, ni solo razón ni solo sentimientos sin fundamentos sólidos, pero lo que me hizo despertar fue comprender que la debacle del ser humano es creerse sabio en su propia opinión y en realidad volverse necio al punto de cambiar la gloria de Dios inmortal por imágenes que eran réplicas del hombre mortal.

Fue entonces que me detuve a comprender que la suficiencia de Cristo es la única capaz de sanar las heridas emocionales y todas las imágenes albergadas en la memoria que atentan contra la imagen del Dios inmortal; es una espiral descendente cuando aún conociendo a Dios no nos despojamos de toda la información que nos limita y nos detiene de conocerlo más; los malos deseos del corazón tienen que ver con la información genética de pecado que tenemos desde la caída, sumada con la corrupción seguida de esta, los traumas, los abusos, las palabras hirientes, los pecados y las decisiones propias destructivas, etc. Hay información verdadera que proviene de Dios mismo que debe ser activada por la conexión con Jesús, la relación constante con la trinidad.

El resultado de cambiar la verdad de Dios por la mentira nos lleva a adorar y a servir a seres creados y no a El Creador; no hay forma de vivir nuestra verdadera identidad y la libertad de Cristo que nos hace valientes y resilientes a menos que decidamos soltar lo que Él nos pide y abrazar lo que Él nos da.

> *Hay información verdadera que proviene de Dios mismo que debe ser activada por la conexión con Jesús, la relación constante con la trinidad.*

Las memorias son imágenes, las creencias están asociadas con imágenes y estas nos dictan una historia y narración, una interpretación que determina lo que creemos y los juicios que abrazamos. Quiere decir que cuando Dios nos habla de no hacernos imágenes de otros dioses, nos habla de toda memoria a la que le creemos más que a Dios mismo. Llegué a comprender que el abrazar una imagen o memoria destructiva y darle poder y autoridad sobre mi vida por sobre lo que Dios dice, llega a tener los mismos efectos de engaño que adorar a otro tipo de «dioses». Fuimos hechos a imagen y semejanza de Dios, es decir la única imagen capaz de reparar nuestra imagen verdadera es Dios mismo.

Mientras le demos poder a imágenes humanas, establecidas por traumas, experiencias dolorosas y sucesos impactantes por sobre el diseño a imagen y semejanza de Dios, seguiremos estando engañados acerca de nuestra verdadera identidad. Al comprender esta complejidad de nuestras emociones y las imágenes, nos daremos cuenta de que todo engaño o engañador tiene su raíz en la imagen incorrecta que gobierna esa vida. Podemos comprender la causa de tantas malas decisiones destructivas, decisiones de personas que ya conocían a Dios, como nos lo dice el versículo anterior: a pesar de haber conocido a Dios, no le glorificaron más, ni le dieron gracias, al punto de envanecerse en otros razonamientos hasta entenebrecer el corazón y adorar a otra imagen humana.

Recordemos el ejemplo de la mano y los cinco aspectos de la vida: identidad, propósito, asignación, territorio y relaciones. El equilibrio y la plenitud de cada una de ellas fue entregado por Dios a Adan y Eva desde el Génesis. Sin embargo, el pecado del primer Adán nos despojó de las cinco áreas que conforman el equilibrio de esos cinco aspectos. El sacrificio perfecto del segundo Adán, Jesucristo, nos devolvió identidad, propósito, asignación, territorio y relaciones, pero debemos regresar al Padre y mantenernos en esa relación que nos otorga la claridad y el cumplimiento de ellas en el equilibrio y plenitud verdaderos.

> *Quiere decir que cuando Dios nos habla de no hacernos imágenes de otros dioses, nos habla de toda memoria a la que le creemos más que a Dios mismo.*

Cuando lo planteo así, yo misma me doy cuenta del porqué muchas veces, sabiendo la verdad, vuelvo a desequilibrarme y a buscar respuestas en lugares que no pueden llenarlas. El ADN de Cristo es el único suficientemente capaz de darnos la oportunidad de que la **verdad absoluta** de Cristo Jesús tenga el peso y la autoridad de cambiar toda la información genética, celular, emocional, y nos dé una nueva oportunidad de aprender a vivir, naciendo de nuevo en Cristo, y ahora tomar nuestra cruz y seguirlo cada día. Esto representa pasar por el proceso de cruz, de muerte, de pérdida, de soltar, cuantas veces sea necesario para despojarnos de lo que nos bloquea el ser libres, y abrazar la libertad, la gracia, el plan redentor y la vida abundante que Él ya ganó para nosotras.

Jesús soltó y abrazó valientemente, porque sabía quién era, sabía su porqué y su cómo. Por eso soltó lo que el Padre le pidió y abrazó lo que el Padre le dio.

Ante los suceso dolorosos, nuestra capacidad de ser resilientes estará determinada por el material con el que estamos hechos; solo los que nos sabemos sus hijos podremos activar esa fortaleza divina y esa consciencia de eternidad, esa verdad eterna que sabe que aunque en este mundo tendremos aflicción Dios mismo ha vencido al mundo, y entonces podremos respirar y conectar con nuestra fortaleza divina que nos dice desde el interior: ¡Levántate porque eres eterna! ¡Naciste para más y tu vida aún no termina! ¡Levántate, te espera un final glorioso! Como un arco cuyas palas permanecen siendo resilientes para colaborar con la cuerda y así lanzar la flecha hacia su destino.

> *Jesús soltó y abrazó valientemente, porque sabía quién era, sabía su porqué y su cómo. Por eso soltó lo que el Padre le pidió y abrazó lo que el Padre le dio.*

ORACIÓN VALIENTE

Amado Señor Jesús, yo oro hoy para que todas las imágenes destructivas conscientes o inconscientes, las creencias limitantes, las mentiras que se han instalado en mi memoria, toda información no saludable, los recuerdos celulares destructivos, y todos los asuntos físicos consecuencia de esto sean encontrados, abiertos y sanados, por medio de la verdad absoluta de quién soy en Ti. Yo soy tu hija amada y te complaces en mí. Tu amor me sana, tu perdón me libera y tu gracia me restaura. Todo falso dios, hoy es destronado y descubierto, sacado de su espacio secreto, reconocido y evidenciado por la luz de Jesús y de Su Palabra. Oro en el nombre poderoso de Jesús. Amén.

PASO VALIENTE

Toma un tiempo para hacer una lista de cada imagen destructiva que está asociada con un dolor en tu corazón en alguna de estas cinco áreas de tu mano. Ora antes de hacerlo, y al terminar haz la misma oración reemplazando la frase «imágenes destructivas» por la escena que se aclaró en tu mente.

Por ejemplo: ¿recuerdas mi historia? Yo tenía claramente la imagen de cuando los mensajes habían llegado a mi teléfono móvil. Se repetían en mi mente trayendo información demasiado dolorosa. Eso atacaba directamente mis cinco áreas. Hice la misma oración y no solamente empezó a sanar esa memoria, sino que el ordenador buscó todas las imágenes asociadas con esa emoción y las eliminamos todas. Mi memoria aún recuerda, pero ya no están asociadas a emociones destructivas. Recuerdo el suceso, pero la interpretación cambió, así que la información emocional es diferente. Ahora lo recuerdo, pero ya no me dice: no eres amada, eres rechazada, etc. Ahora dice: Dios te amó tanto que estuvo contigo justo allí, voltea a ver. Jesús está a mi lado y el Padre me cargaba, mientras el Espíritu Santo secaba mis lágrimas. Ves... todo cambió. Eso pasará contigo. Permite que Él sane y reinterprete tus memorias y recuerdos dañinos.

«Así que, si el Hijo los libera, serán ustedes verdaderamente libres». (Juan 8.36)

Capítulo 4

¿CÓMO PERMANECER ANTE LOS SUCESOS INESPERADOS?

¡Hoy fue genial, lo logré! Me relajé, lo disfruté y lo que es mejor, logré acertar cinco flechas seguidas en el centro, directo al amarillo. Me liberé de la tensión de hacerlo bien, solo lo disfruté y literalmente flui con ritmo, respiración y cual melodía me dejé llevar. Estoy tan feliz. Creo que mi vida personal va igual, cada vez mis memorias están siendo sanadas, y mi mente, cuerpo y corazón solo sueltan y abrazan la vida que Dios me ha regalado a mí y a mis hijos.

Hoy Yessi me dijo:

—Kristy, muy bien. Simplemente ya tienes el blanco en el corazón y tus ojos lo enfocan e impulsan la flecha, estás tirando con el corazón y eso hace la diferencia.

Debido a que acerté cinco flechas seguidas me gané unos dulces de jengibre... soy la única alumna que parece disfrutarlos... soy la única cantante del grupo, y los cantantes amamos el jengibre.

Me di cuenta de que el arco responde a todo mi ser. Y pensé que el propósito de todo es que le des al centro, Kristy. Tu postura es tan importante por el propósito que persigues, así que debes sostener ese arco con firmeza y cuando lo sientas debes soltar esa flecha sin dudar.

Fue cuando reflexioné: ¡ajá! Mi suceso me está permitiendo revisar si sé quién soy, me está mostrando que a partir de eso permaneceré firme. Ahora sé por qué la fase de «suceso» tiene tanto sentido para mí al ver el arco, porque es el arco siendo bien sostenido y mi postura de los pies, las manos en el arco y en la cuerda los que le hacen permanecer; sin embargo, sostener el arco y tirar de la cuerda no son el propósito final, lanzar la flecha lo es. Dios es el Arquero y yo soy una flecha que interactúa con toda circunstancia, pero finalmente todo dependerá de reaccionar y colaborar con el Arquero.

Nuestros padres biológicos, que pueden representar el arco y a su vez también representan la genética recibida de ellos; nuestro contexto social, oportunidades, conocimientos etc., todo interactúa para lanzar esa flecha, pero me pregunto: ¿quién es el actor principal en el tiro al blanco? ¡Sí! El Arquero. Ahora bien, ¿podría hacer algo la flecha sin el arco? ¿Podría hacer algo la cuerda sin el arco? ¿Podría hacer algo el arco sin la cuerda o la cuerda sin la flecha? ¿Cumplirían su propósito esos elementos sin el arquero? Claro que no. Por eso el actor principal de mi vida es Dios Padre, Hijo y Espíritu Santo. Él es el Arquero Perfecto. Todo está colaborando.

Bueno, querido diario, por ahora comprendo que permanecer y ser resiliente es la característica principal del arco y la cuerda; esta fase me está permitiendo reconocer muchas cosas importantes en mi suceso, pero quiero seguir hacia el proceso.

¿Cómo permanecer ante los sucesos?

Permanecer requerirá valentía, porque ante un suceso inesperado, doloroso, confuso, de pérdida vital, simplemente quisiéramos huir, quisiéramos sacarnos el corazón para no sentir más dolor. El dolor tiene la virtud de despertarnos a una realidad que nunca imaginamos; decidir permanecer en lugar de huir requerirá quedarse para sentir, y solo las valientes toman decisiones, luchan, lloran y se desgarran hasta beber el último sorbo de la copa de sacrificio por amor y obediencia a un plan supremo y eterno, un plan maestro superior a nuestra voluntad humana. Una realidad que solo se podrá vivir si permaneces en Jesucristo, quien al dolor le llamó libertad.

Tenemos dos caminos, huir y tratar de anestesiar el dolor o permanecer y sentir el dolor hasta la última fibra del alma para que despierte nuestra más profunda esencia, nuestra verdadera identidad y se torne un instrumento de vida.

Si no tuviéramos libertad para decidir y elegir entre diversas opciones, entonces no habría ninguna tensión respecto a moverse o a mantenerse en una postura, posición o estado. En momentos de crisis o dificultad nos asalta la pregunta: ¿y ahora qué hago? Todo en la vida se mueve y cambia, se pierde aquello en lo que habíamos creído, construido o establecido nuestra vida. Es entonces cuando nos damos cuenta de que posiblemente hicimos tesoros en un lugar equivocado, en ese momento de prueba vemos si nuestras obras eran de heno, paja u otro material perecedero. La prueba es fuego que consume; los sucesos inesperados son momentos de prueba, pero si permanecemos veremos cómo esa misma prueba que podría arrebatarnos la esperanza será la misma que Dios usará para darte Su esperanza.

La palabra «permanecer» es interesante. Proviene del latín *permanere* que significa: «mantenerse sin mutación en un mismo estado, lugar o calidad». Entonces, ¿qué es lo permanente? Aquello perpetuo, verdadero y atemporal. En otras palabras, lo eterno. El antónimo de «permanente» sería: pasajero, falso, transitorio, perecedero y efímero. Cuando hablamos de permanecer nos referimos a este «mantenerse sin cambio o mutación». Ante un suceso doloroso nos veremos al descubierto y reconoceremos qué de todo aquello que llamábamos «vida» es perecedero o permanece.

Si deseamos permanecer ante las circunstancias adversas debemos saber qué es aquello permanente en nuestra vida. En otras palabras, no podemos permanecer si estamos fundamentados sobre algo perecedero. Eso es como querer pegarle al aire.

Por esta razón, ante el suceso inesperado o adverso que amenaza con destruirnos, desintegrarnos, confundirnos y disolvernos, lo que nos permitirá permanecer será lo puro, verdadero, eterno y real. Cuando nos toca permanecer ante los sucesos amenazantes e inesperados, el fuego de la prueba literalmente consume lo que es frágil, falso, impuro, y justamente lo que permanece es lo puro, lo real y fuerte.

Si la adversidad te despierta y te hace consciente de esa verdad que está en ti, te hace consciente de que has estado viviendo apegada a cosas falsas y te despierta de tu somnolencia, para mostrarte que estás viviendo fuera de tu propósito, que estás poniendo falsos dioses en tu vida, que te desconectaste de la fuente de tu verdadera plenitud, entonces ese dolor, ese suceso inesperado vino como un regalo de Dios o como un mensaje para tu vida. Es en ese momento en el que debes tomar una decisión, verlo desde la perspectiva de Dios e interpretarlo desde tu verdadera identidad eterna con una mente conectada a la mente de Cristo, o con una perspectiva limitada a tu circunstancia; esa interpretación correcta de las circunstancias es la que despierta la feroz y poderosa valentía divina en el alma humana, una valentía que proviene del Espíritu mismo de Dios Padre y te permite experimentar la valiente resiliencia divina.

Es por esta razón que habrá personas que ante sucesos inesperados mínimos se derrumban por completo y personas que ante sucesos altamente destructivos se fortalecen y permanecen firmes tanto que lejos de destruirlas, les hacen crecer y avanzar.

Así que la respuesta a la pregunta ¿y ahora qué hago? será:

Permaneceré ante este suceso inesperado, soy valiente para soltar lo que Él me pide y soy valiente para abrazar lo que Él me da.

Ahora bien, ¿sabes quién eres? ¿Has construido tu identidad en lo eterno o en lo temporal?

Este suceso doloroso, inesperado o impactante está despertando a la verdadera hija de Dios, está despertándote a otro nivel de consciencia y, sobre todo, te está reconectando con Dios Padre, Hijo y Espíritu Santo, lo único que puede sanar tu espíritu, alma y cuerpo. Bienvenida a la vida... bienvenida al proceso más importante de la existencia: morir para vivir...

Todos los seres humanos estamos heridos, absolutamente todos. Nacemos a un mundo caído, venimos al mundo con un angustia fundamental, hubo separación desde la caída, nuestro lugar de origen es Dios mismo; cuando somos concebidos por Dios a través de nuestros padres y puestos en el vientre de nuestra madre inicia nuestra experiencia humana, nuestras memorias celulares están allí, nuestro momento de haber sido creados y conocidos por Dios mismo está guardado en nuestra esencia, pero esa verdad compite con toda la información restante, pronto empezamos a desconectarnos de esa esencia espiritual pura y a ser formados por todo el entorno y, sin darnos cuenta, sin ser conscientes, nos hemos desconectado de esa verdad que fue colocada en nuestro corazón.

> *El pecado nos separó de Dios, y esa separación produce una angustia fundamental en el corazón del ser humano.*

El pecado nos separó de Dios, y esa separación produce una angustia fundamental en el corazón del ser humano, que se incrementa a través de las heridas producidas por la maldad del pecado y orgullo humano, abandono, rechazo, temor, vergüenza, en resumen, toda la ausencia de Dios produce falta de amor, amor verdadero porque Él es el verdadero amor. Nacemos e inicia la carrera por la vida, la batalla por el corazón, la misericordia y el plan de redención para que el ser humano conozca la irresistible gracia de Dios, de manera que al ser expuesto a ella, quede derretido ante su amor y decida voluntariamente entregar su vida, regresar al Padre, ser salvo por Jesús y por Jesús ser adoptado como hijo del Padre que lo concibió desde antes de la fundación del mundo.

El momento más importante de la vida

Ese momento es nacer de nuevo, la oportunidad voluntaria y consciente de regresar al lugar de origen a la matriz creadora y desde allí volver a vivir, y entrar de vuelta a la conexión que sana nuestro ser completo, que elimina el estado de angustia fundamental del ser humano, que nos da acceso a la obra perfecta de vida, sanidad, resurrección de Cristo por la Cruz, que nos da acceso al Padre y a la guía constante de la verdad por Su Espíritu Santo. Un Dios trino, que nos sana de manera trina y nos reconecta a través de Su perfecto sacrificio.

> *Un Dios trino, que nos sana de manera trina y nos reconecta a través de Su perfecto sacrificio.*

Hoy tienes de nuevo la oportunidad de recordar, reconocer, recibir ese sacrificio perfecto que resuelve la existencia del ser humano, que le da dirección y sentido a sus tragedias más grandes y que nos libera de la muerte eterna y nos da vida eterna. Una esperanza viva capaz de hacerte permanecer, a través de la sanidad y libertad en Él. Tal como un arquero, hoy puedes decirle al Padre: toma mi vida, sostenla como un arquero que toma el arco con firmeza y dirección.

¿Cómo reprogramo mi cerebro y rompo malos patrones y hábitos?

«Somos el resultado de lo que hacemos repetidamente. La excelencia entonces no es un acto sino un hábito».[1]

Me encanta esta frase de Aristóteles, tan simple, tan clara. Te sugiero seguir los siguientes tres pasos para romper con un mal patrón o mal hábito de tal manera que cambiemos el resultado y seamos quienes estamos diseñadas para ser.

———————— Las 3R de la resiliencia ————————

PASO 1. Reconócelo: Identifica el mal patrón o hábito, acéptalo y reconoce las áreas en las que te ha afectado. Revisa cuál es la raíz del problema, luego de hacerlo define cuál sería el hábito saludable que vencería el malo. Reconoce tu necesidad de ayuda, de confesión y de esfuerzo en esa área de tu vida. Sé responsable de ti misma y contigo misma.

PASO 2. Reemplázalo: Reemplazar un mal patrón o hábito requiere de mucha responsabilidad y paciencia. Primero que todo debes enfocarte en el antídoto y tratar con la causa raíz del problema, no se trata de reemplazarlo por un «placebo», eso solo sería engañarse, se trata de reemplazarlo por verdaderos hábitos saludables.

> *«Somos el resultado de lo que hacemos repetidamente. La excelencia entonces no es un acto sino un hábito».*[1]

PASO 3. Repítelo: Repítelo, repítelo, repítelo. Escríbelo donde puedas verlo. En tus primeros momentos del día escribe como resolución diaria una acción que te ayudará a repetir ese hábito y patrón saludable.

Por ejemplo, si tenía el mal hábito de beber refresco de cola libre de azúcar y bebías cinco vasos al día:

PASO 1. Reconozco: Sí, es un mal hábito tomar refrescos de cola todos los días, aunque sean libres de azúcar. Acepto que es un problema y se ha convertido en un vicio. ¿Por qué razón lo hago? Me gustan, calman mi ansiedad, la cafeína me ayuda. La verdad es que no estoy teniendo un correcto manejo de mi energía física, ni de mi alimentación y necesito entregarle esta ansiedad a Jesús. Moriré a mi refresco de cola y lo haré por amor a mí, y eso sé que te agrada Dios.

PASO 2. Reemplazo: Lo que verdaderamente necesito es desintoxicar mis riñones y mis procesos mentales que «creen» que «necesito» cola. Tomaré agua y refrescos naturales cada vez que tenga ansiedad y sienta que no podré, oraré y beberé agua, no me dejaré vencer. Lo haré por treinta días.

PASO 3. Repito: Lo haré hoy, mañana y pasado. No me detendré y si fallo volveré a empezar, hasta que domine este hábito y no el hábito a mí.

ORACIÓN VALIENTE

Señor, yo no puedo sostener mi vida por sí sola, me rindo a ti y te la entrego, perdona mis pecados, toda mi separación y orgullo, hoy te invito a ser mi Señor y único Salvador. Toma mi vida, me dejo sostener por tus manos, jala la cuerda, toma la flecha y dirígeme al blanco, al destino eterno. Quiero vivir como tu hija, como tu flecha, quiero dirigirme a tu voluntad perfecta. Me rindo a ti, sé tú el primero y único Dios en mi vida. Amén.[2]

PASOS VALIENTES

En tu diario vivir te ayudará pensar de manera práctica; te sugiero frases como:

- Este no es el fin, es el reinicio de una vida plena.
- Lo que siento no es lo que soy.
- Tengo todo lo necesario para salir adelante.
- Yo soy responsable de mi vida y de mis decisiones.
- No buscaré culpables, no desplazaré mis responsabilidades.
- Soltaré la barca y abrazaré la vida en Cristo.
- No soy mamá y papá, soy mamá, Dios es el Padre perfecto de mis hijos.
- No estoy destruida, esto sacará lo mejor de mí.
- Sigo el proceso a pesar del miedo.

- No soy la única que está pasando por esto.
- Mi situación no es mi condición.
- Estoy de paso por esta tempestad y no moriré, viviré.
- Soy amada.
- Soy aceptada.
- Soy valorada.
- No me rendiré.
- No me resignaré.
- Soy valiente.

PARTE II

SECCIÓN DE LA
CUERDA

Capítulo 5

VALIENTES: LAS QUE CRECEN

Diario de un arquera valiente

Hoy Yessi me enseñó lecciones muy importantes, creo que estoy comprendiendo por qué me cautivaban los arcos y las flechas de niña, sin saberlo Dios había depositado un mensaje para mí desde mi infancia, aún no lo había descubierto, hasta ahora. A veces siento que dentro de mí hay mensajes en botellas de vidrio, como las que se lanzan en altamar y llegan muchos años después a algún destinatario que por fin las abre. Siento que Dios depositó en mi corazón mensajes que luego de muchas mareas altas y bajas llegan a la costa y los encuentro. Ahora, siendo madre de dos varones poderosos, deseo hacerlo así, dejarles mensajes en sus corazones que un día cobrarán sentido. Estos mensajes han cobrado sentido en esta etapa, al ser mamá de estas bellezas y enfrentar los sucesos con valentía. Sé lo que significa dar el vientre para que la vida tome su lugar; sé lo que significa ser estirada, literalmente ensanchada para que tome lugar la vida y el crecimiento.

Hoy Yessi me explicó cómo funciona la cuerda y la flecha en conjunto. Me dijo:

—Kristy, la flecha se coloca con la pluma guía, la pluma de color distinto, en dirección a ti como arquera; debes recordar siempre que el nocking o parte trasera de la flecha es lo que se coloca en la cuerda y luego la flecha solo descansa sobre el reposaflechas del arco sin tensión ni presión sobre ella, si la presionas la cuerda se caerá. Tú debes sujetar la cuerda y tirar hacia atrás, solamente utilizando tus tres dedos centrales, el índice por arriba de la flecha y el del medio y anular por debajo de ella, sin tocar la flecha; tu mano debe estar relajada y en línea recta; tu brazo que sostiene el arco en línea recta al blanco; la cuerda es la que llevará la tensión hacia atrás. Respira suave, breve y profundo, y alinea tu arco con la cuerda y la punta de la flecha en dirección al blanco. Si te das cuenta, Kristy, estás trabajando en tu colocación de flecha, tu tensión en la cuerda, la forma en que levantas el arco y tu alineación. Nada puede faltar, de lo contrario estarás ocasionando una tensión sin propósito a la cuerda; por cierto una recomendación especial, no tires de la cuerda si no has puesto una flecha, no tires de tu cuerda sin propósito de lanzar tu flecha, ese golpe lo recibe el arco y puedes dañarlo. Debes cuidar tu equipo. A veces esos tirones causan daños irrecuperables simplemente porque no fueron para lanzar una flecha, sino fueron realizados sin cuidado.

¡Wow! Esta clase realmente me hizo meditar, porque para mí la cuerda en conjunto con el arco representan el proceso de crecimiento, la presión y tensión que tiran de ellos, la flexibilidad y la resistencia que determinan el tiro de la flecha. A veces sentimos que no podemos más, pero cuando Dios es el arquero, entonces el tirón, por fuerte que sea, tiene propósito; justamente la cuerda de la cual debe tirar el arquero está hecha de un material resiliente que se estira y regresa a su forma original, flexible pero resistente.

El libraje que puedo tirar aún no es mucho, pero ahora lo estoy disfrutando mucho; mi anclaje es más firme y mis dedos ya tienen más fuerza y estabilidad. Estoy muy impactada con toda esta fase del proceso y crecimiento, así como la cuerda y el arco que al tirar de las palas del arco producen la fuerza de compresión y la fuerza de tracción. En los arcos instintivos antiguos le llamaban a la parte baja del arco el vientre y a la superior el lomo, el vientre producía la fuerza de compresión y el lomo la de tracción. Siempre que lo recuerdo me emociono, creo que por ser mujer y tener un vientre que dio a luz dos hermosos varones valientes.

Son fuerzas «contrarias» trabajando en función del arco y la flecha, producidas por la cuerda que tira el arquero, este retiene y condensa toda esa fuerza para finalmente lanzar al blanco la flecha. Cuando esas fuerzas contrarias combinadas, de acumulación de energía, son jaladas en sentido contrario o hacia atrás, justo como me siento durante el proceso, pareciera que estás retrocediendo en lugar de avanzar. Es impactante para mí todo este aprendizaje. Descubrí que la cuerda está hecha de muchos hilos de un material altamente resistente que provee alargamiento, elasticidad y peso. La potencia del lanzamiento de la flecha dependerá de las palas del arco y de cuánto curven en el momento de anclaje. Una cuerda más flexible dará menor curvatura que una más rígida. En otras palabras, y aplicado a mi proceso, de acuerdo a la intensidad del proceso y al nivel de tensión y presión que cause en mí, así será la intensidad de tiro. La cuerda más resistente tendrá mayor cantidad de libras de lanzamiento que una menos resistente.

Es maravilloso comprender que todo está interactuando para lanzar la flecha al centro del blanco. Me sirve meditar y preguntarme: ¿cómo estás reaccionando ante el proceso? Claro, es porque seré lanzada más lejos. ¿Tus circunstancias parecen doblar tu vida o arco? Claro, ese es el trabajo de las palas del arco: sin la flexibilidad de ellas, el tiro sería imposible. De nuevo te recuerdo quién es el Arquero, Kristy, Él sí que sabe tirar la cuerda. Tranquila. Todo estará bien.

Valientes durante el proceso

El primer año posterior al suceso trágico que te compartí fue de comprender lo que implicaba que se había rescatado la vida y se había perdido la «barca», aclarando que las barcas no son personas, sino elementos de la vida. Durante el *shock* del suceso, recibí las instrucciones, que fueron como primeros auxilios para mantenerme con vida, mantenerme «consciente», pero cuando ya estábamos a «salvo», Dios empezó a revelarme el paso a paso y la profundidad de la barca perdida, para luego empezar el proceso de crecimiento más transformador que un ser humano puede tener: morir, sí, requería morir a muchas ideas, sueños, proyectos, planes, relaciones, posiciones, posesiones, etc.

Después del evento traumático, los seres humanos experimentamos el proceso de duelo, este es fundamental en cualquier tipo de pérdida. Como psicóloga lo había estudiado, había acompañado en las fases, vivenciado su progresión, etc. Pero fue a través de esta experiencia que Dios me llevó de vuelta a mucha información que sabía, pero que no era consciente del nivel de significancia e implicaciones para la vida misma. Recordemos la historia de la tempestad y el naufragio del apóstol Pablo. Posterior a la pérdida de la barca, podemos estar seguras del nivel de resiliencia del Apóstol, porque él sabía su porqué. Sin embargo, pienso en los demás tripulantes, prisioneros, dueño del barco, centuriones, etc. Perdieron todo, pertenencias, recuerdos, dinero, ego, etc. Todo se fue en esa barca.

Ante una situación de amenaza, nuestro sistema nervioso central, conformado por el sistema simpático y parasimpático, activa el sistema simpático, el cual responde frente a toda amenaza, distribuyendo la energía para que reaccione ante esa amenaza con el instinto de conservación y sobrevivencia; este hace que nuestras piernas, brazos y todo lo necesario para huir sea activado; la irrigación de energía no estará centrada en el cerebro, sino en las áreas del cuerpo que nos permitirán la conservación de la vida; en otras palabras es lo que permite el dicho: aquí huyó y no aquí murió. Es por eso que no somos conscientes de las pérdidas vividas durante la amenaza o huida, sino hasta que ha pasado el tiempo, y es en ese momento posterior que inicia el proceso de consciencia y profunda sanidad por el daño recibido.

En el primer año inició mi fase de proceso de «muerte» que en realidad era transformación, trascendencia y crecimiento.

Recuerdas que la primera instrucción que Dios me dio durante las primeras horas de la noticia fue:

«De modo que los que padecen según la voluntad de Dios, encomienden sus almas al fiel Creador, y hagan el bien». (1 Pedro 4.19, RVR1960)

«De modo que los que padecen según la voluntad de Dios»... Espera, espera... ¿«Según la voluntad de Dios»? ¿Tú mandaste esto? ¿Esto era tu voluntad? Claro, la respuesta es absolutamente NO, Dios no deseaba eso para mí, eso fue decisión de alguien más, pero mis hijos y yo estábamos en la barca. La pregunta de Dios para mí realmente era: «Ahora que ya soltaste lo que te pedí y abrazaste lo que te estoy dando, ¿padecerás según mi voluntad?». En otras palabras: «Ahora que harás el recuento de los daños, ahora que te darás cuenta de todo lo que esa pérdida se llevó, ¿padecerás según mi voluntad?».

Tengo absolutamente claro que el dolor, la enfermedad y las crisis emocionales, familiares y económicas no son la voluntad de Dios, son resultado de nuestra voluntad, y aunque Dios toma todo lo que nos acontece y puede utilizarlo para un propósito, no significa que Él lo envíe. Dios odia el divorcio y yo también, aunque me tocó pasar por allí. No tengo por qué amar el resultado del pecado y la separación de Dios, no tenemos por qué encariñarnos con los subproductos de la maldad y la rebeldía del ser humano. Sin embargo, sé que aunque no era su voluntad, sí es su voluntad que enfrente esos sucesos con una interpretación y esperanza viva de donde proviene la resiliencia divina, sí es su voluntad que mire a Jesús mi hermano mayor, mi Salvador, mi maestro para que comprenda en lo que este acontecimiento se puede convertir.

Posiblemente, como suele suceder luego de un acontecimiento trágico, a pesar de la tragedia hay un sentimiento de euforia cuando se logran rescatar las vidas, pero al pasar el estado de *shock* y empezar a darse cuenta de todo lo sucedido, cuando regresa la irrigación de la sangre a nuestro cerebro a su nivel normal y vemos que la tempestad se llevó la casa, el incendio consumió nuestro trabajo de toda una vida, se rescataron unas vidas pero perdimos un hijo, salió con vida del accidente pero no volverá a caminar, nació pero con un diagnóstico de enfermedad para toda una vida, cuando nos perdonan una deuda pero no tenemos qué comer, cuando estamos con vida pero con el corazón destrozado, es entonces que empieza el proceso de «padecer» como dice el texto «según su voluntad».

¿Cómo padecer según su voluntad? Veamos juntas a Jesús. Repasemos, la fase anterior se trató de ser valientes para permanecer ante el suceso, ahora necesitaremos crecer a través del proceso que requerirá morir, pero morir según la voluntad de Dios revelada en la muerte de Jesús. Sé que a este punto suena incómodo hablar de que morir sea una acción valiente, pero puedo asegurarte que todo tu dolor tendrá un propósito eterno y lleno de esperanza si abrazas esta verdad. Comprendo que estar en este punto y querer renunciar al proceso, huir o evadir sin embargo es exactamente en ese mismo segundo decisivo entre renunciar o respirar fe y seguir que se da el momento crucial de estar convirtiéndote en valiente. Si estás allí quiero invitarte a hacer la siguiente oración.

Amado Padre, sé que tú me amas, aunque mis emociones se sientan confusas, aunque no logro controlar mi estado de ánimo, sé que tú estás en control. Yo te doy el control de mi vida, me entrego por completo a ti, con toda mi voluntad, consciente de mi necesidad de ti y mi anhelo por conocer toda la verdad. Suelto toda creencia que me limite a abrazar tu amor perfecto y tu propósito eterno, quiero sanar en mi espíritu, alma y cuerpo. En el nombre de Jesús, Amén.

— ¿Cómo crecer a través del proceso de dolor? —

«Crecer duele»... Hemos escuchado esta frase cientos de veces. Puede que te haya pasado que te dolían los huesos mientras estabas en la adolescencia debido al proceso de crecimiento. Esta fase del desarrollo humano nos estaba dando una clara dinámica de vida. Todo crecimiento conlleva aumento, estiramiento, ensanchamiento, evolución, transformación. Sin embargo, crecer implica «pérdidas», es decir nos toca dejar etapas atrás, nos corresponde soltar lo anterior para abrazar lo posterior, nos corresponde procesar el cambio, procesar la transformación y la evolución de toda fase de crecimiento.

Lo cierto es que el crecimiento saludable es el resultado de un equilibrio integral. Porque puede haber un crecimiento no saludable como resultado del desequilibrio, por lo tanto este causaría enfermedad y no sería para evolucionar sino para involucionar. Por eso comprender lo que significa «según la voluntad de Dios» es tan importante, ya que por doloroso que sea el suceso y el proceso, se convertirán en salud, en bienestar, en desarrollo y vida. Es precisamente lo que representa la resiliencia divina, que si bien es cierto todos la poseemos, para ello es necesario atravesar la incertidumbre, atravesar el camino del dolor y la pérdida. Es a causa de esos sucesos dolorosos que producen «muertes» que descubrimos la trascendencia que yace dentro de nosotras.

En nuestro ejemplo de la letra **V** de valientes, esta fase representa la línea inclinada descendente, el vértice donde se unen las dos líneas inclinadas que representan suceso y progreso, pero antes de ver el progreso y el avance de aquel proceso de crecimiento, pasamos por aquí, el punto de mayor tensión, descenso, el más bajo, la fase más dolorosa y, por lo regular, la que sentimos más prolongada; aquí, para algunas, literalmente significa experimentar el proceso de muerte, ya sea emocional, físico, psicológico, social, espiritual, etc. El proceso, entonces, es la parte descendente del suceso; si el suceso fue duro, el proceso también lo será.

Como te compartía anteriormente, esta es la fase donde nos toca hacer el recuento de los daños, por lo tanto, es cuando el dolor emocional y/o físico se hace más intenso. Fue justo en esta fase en la que experimenté el despertar más profundo de mi identidad, lo que requirió soltar una gran cantidad de falsas identidades, soltar lo efímero, soltar «barcas» y abrazar la vida eterna, la vida de Cristo, requirió abrazar la cruz y seguir a Jesús día con día.

«Solo la cruz de Jesús tiene la capacidad de embellecer el dolor».

Es en la cruz que toda una vida de dolor puede cobrar sentido, que la más profunda herida encuentra empatía, que el trauma más profundo encuentra esperanza; la cruz es simplemente el inicio de la vida. Es en la cruz que encontramos el porqué y el para qué de la vida que nos abre camino al cómo, cuándo, con quién.

Jesús venció a la muerte... lo había leído, lo había cantado cientos de veces, lo había orado, confesado, declarado..., etc. Fue en mi noche oscura del alma cuando comprendí y fui consciente de la determinante implicación de esta palabra, fue en ese momento en el que una nueva vida, a partir de comprender la muerte desde la perspectiva de la cruz, volvió a abrirse paso. Mirar hacia Jesús en la Cruz es comprender en otra dimensión el dolor, el sufrimiento y el precio de la resurrección.

> *«Solo la cruz de Jesús tiene la capacidad de embellecer el dolor».*

Jesús vivió todas las heridas que un ser humano puede experimentar y todas juntas. La traición de Judas es una, pero la de Pedro es otra en otra dimensión, la humillación, el rechazo, menosprecio, abandono, la soledad, angustia, etc.

Jesús al declarar «si es posible pasa de mí esta copa» nos revela una antesala que pone de manifiesto la valentía con la que debería enfrentar lo que venía. Gotas de sangre son el sudor de Jesús, gotas que revelan su estado emocional, psicológico y físico. Soledad, caos, dolor, inseguridad, desesperanza, tristeza. El texto pone de manifiesto que sus discípulos se quedan dormidos en esa hora angustiosa; esto se conecta con nuestros sentimientos de soledad en esas noches oscuras del alma en las cuales no hay compañía que nos haga sentir acompañados, es un proceso que se pasa a solas.

> *La cruz es simplemente el inicio de la vida. Es en la cruz que encontramos el porqué y el para qué de la vida que nos abre camino al cómo, cuándo, con quién.*

Solo la cruz de Jesús tiene la capacidad de convertirse en un símbolo de vida eterna en lugar de muerte y final.

Capítulo 6

LA MUERTE MÁS VALIENTE
DE LA HISTORIA

—————— Diario de una arquera valiente ——————

Hoy sentí un nuevo desafío, Yessi me explicó lo importante de fortalecer mi espalda y omóplatos para poder mantener una tensión suplementaria y así poder utilizar un *clicker* y tener más consistencia en el tiro, en especial para poder mantener el punto de anclaje al haberlo logrado. Me duelen músculos que ni sabía que tenía. Pero me parece que ahora que estoy aprendiendo más sobre la importancia de tirar correctamente de la cuerda y la manera en que las palas del arco y la cuerda deben mantener la tracción, me estoy volviendo a preocupar por hacerlo bien, y me estoy agotando más rápido. Las fuerzas contrarias naturalmente hacen que mi postura se cierre y entonces fallaría el tiro. Comprendo que justamente es lo contrario lo que le da la fuerza al lanzamiento. Me hace pensar en el proceso de muerte que vivimos para poder vivir en verdad. Jesús es el único que ha podido transformar el significado de la muerte. Confío que en todo este proceso de dolor, de la misma

manera que para tirar al blanco la flecha, debo tirar hacia atrás para
que luego pueda avanzar, es lo que sucederá conmigo. Todo este
proceso tiene propósito, Kristy, no lo olvides.

Yessi me dijo:

—Kristy, estás mejorando pero esto no debe hacerte perder
de vista que debes seguirte fortaleciendo y haciendo los ejercicios
que te dejé para tus músculos de la espalda, los desafios serán cada
vez más fuertes y tus distancias más largas. Debes practicar.

Creo que Yessi no imagina todo lo que para mí representa cada
instrucción. Gracias mi querido diario, todo esto un día servirá para
alguien más.

—— La muerte más valiente de la historia ——

Llegar al lugar del cumplimiento de una promesa, no siempre representa la realización alegre y llena de satisfacciones que muchas
veces hemos pintado en nuestra imaginación. Lo complicado de
transformar nuestra perspectiva humana finita en una perspectiva
cristiana infinita es que seremos llevados por procesos que requerirán despojarnos y soltar muchas ideas falsas sobre «las promesas
de Dios». No digo con esto que ser cristiano es ser un mártir de la
vida, exento de alegría, satisfacción y éxito; por el contrario, digo
que es una perspectiva más amplia y profunda de la vida y de sus
concepciones de «éxito» temporal; el gozo, la satisfacción y la alegría son emociones que se viven como un fruto del Espíritu y no por
meros estímulos externos, de hecho es cuando se genera desde tu
interior que podrás disfrutar cualquier estímulo sin aferrarte a él.

Para Jesús cumplir la voluntad de Su Padre implicaba llegar al
lugar y al tiempo del cumplimiento y pasar un proceso de dolor que
fue soportado por Jesús debido al propósito del mismo.

Mientras subía Jesús rumbo a Jerusalén, tomó aparte a los
doce discípulos y les dijo: «Ahora vamos rumbo a Jerusalén, y el
Hijo del hombre será entregado a los jefes de los sacerdotes y a los

maestros de la ley. Ellos lo condenarán a muerte y lo entregarán a los gentiles para que se burlen de él, lo azoten y lo crucifiquen. Pero al tercer día resucitará». (Mateo 20.17-19)

Quiero invitarte a que analices tu proceso doloroso, tu momento de bajada, tu crisis, tu fracaso, y veas cómo se trasforma en la fase de mayor crecimiento a la luz de este proceso que nuestro Salvador vivió; puede que reconozcas la fase en la que te encuentras y te llenes de esperanza al saber qué te espera, y posiblemente escribas tu propio libro de lecciones aprendidas durante la fase más dolorosa de tu vida.

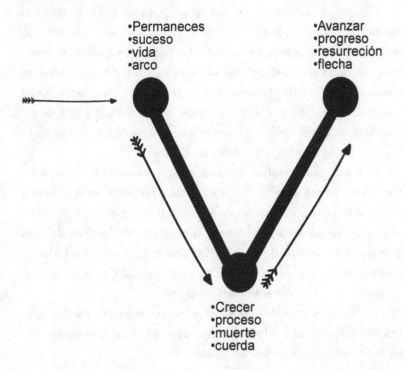

— Fase Avanzar. Vida - suceso - permanencia: —

La vida de Jesús en la tierra inicia desde el anunciamiento de su concepción a través del Espíritu Santo declarada por el ángel Gabriel a la virgen María, desde ese momento comienzan una serie de acontecimientos milagrosos y sobrenaturales anunciados por los profetas. Los cuatro evangelios tienen el propósito de presentar la vida y obra de Jesús, pero solo dos revelan la intensidad de su nacimiento en Belén de Judea, tanto Mateo como Lucas incluyen datos de gran importancia de la naturaleza divina y humana de Jesús.

La manera en que su nacimiento se identifica con las circunstancias humanas más desafiantes que puede rodear la llegada de un hijo son muy profundas. Le rodeaba peligro, persecución, incomodidad, como lo relata Mateo 2.16-18. El rey Herodes se siente amenazado al saber del futuro rey de los judíos.

Cuán gloriosa manera de revelar su divinidad y humanidad a la vez por medio de todos los acontecimientos que se conectan con las posibles situaciones de dificultad y dolor que podemos experimentar. Podríamos decir que de los doce a los treinta años, el transcurrir de la vida de Jesús fue en una fluida línea recta; luego dio inicio la batalla por el corazón de la humanidad y la fase de amenaza, crisis y desafíos que precipitan la línea descendente hasta llegar al punto más bajo del proceso: la muerte.

Una vez más la gráfica de la letra **V** de valientes tiene sentido. De su nacimiento al relato de Jesús a los doce años en el templo y a sus treinta años al iniciar su ministerio público, tres años de ministerio y el cumplimiento del sacrificio perfecto, el Cordero de Dios que quita el pecado del mundo. Su vida le da sentido a todo, su nacimiento, su ministerio, su muerte y resurrección, es la redención y esperanza ante todo sufrimiento y dolor.

La fase de «vida» de Jesús incluye su nacimiento, infancia, adolescencia, juventud y adultez, hasta llegar a la fase final de su vida en la tierra que incluye las siguientes etapas:

- **Etapa 1.** *Llegada de Jesús a Jerusalén.* Correspondiente al territorio prometido para cumplir la misión final.
- **Etapa 2.** *Cena final de Pascua con sus discípulos.* La cena con sus amigos amados y discípulos, incluyendo a Judas, quien le traicionaría.

- **Etapa 3**. *La agonía en el huerto de Getsemaní*. El periodo de rendición más profundo, cuando su vulnerabilidad humana se pone de manifiesto y la lucha por hacer la voluntad de su Padre es superior al deseo de pasar de Él «esa copa»; no hay mayor acto de valentía que el de la obediencia del Hijo a Su Padre.
- **Etapa 4**. *Los juicios injustos*. Enfrentar el sistema humano, el rechazo, la injusticia, vergüenza, violencia y burla.

Fase 2. Muerte - Proceso - Crecer:

- **Etapa 5**. *La Crucifixión que incluye La vía dolorosa*. El camino que lleva desde la residencia de Poncio Pilatos en Jerusalén hasta el monte Gólgota; lugar de la crucifixión.
- **Etapa 6**. *La Sepultura*. Una fase poco estudiada pero sumamente importante para la aplicación en nuestros procesos de duelo y manejo de las crisis que es fundamental para la sanidad que nos llevará más allá de la recuperación, nos llevará a la resurrección.

Fase 3. Resurrección - Progreso – Avanzar:

- **Etapa 7**. *Resurrección*. Dedicaré toda la tercera sección del libro al progreso sustentado por ella.

Una perspectiva diferente de la etapa de «sepultura»

Nunca antes había comprendido el proceso de duelo como en esta fase de mi vida. Más allá de los aspectos a tratar por la fase conocida de duelo, comprendí cómo Dios me estaba acompañando a mí, y cómo se debía acompañar a alguien en una fase así.

De nuevo veamos la gráfica de la V, hice una figura integrada con los conceptos y la compresión que hemos integrado hasta este punto. Pero quiero invitarte a ver tu propio proceso en ella.

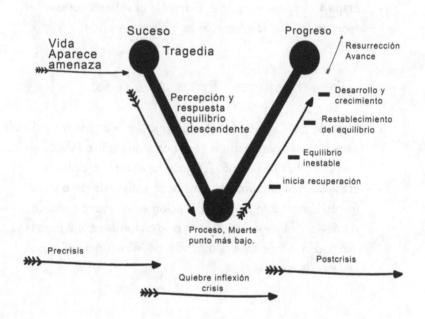

Mientras hacía la gráfica que integra conocimientos espirituales, biológicos y psicológicos de las fases de duelo y procesos de crisis, me llené de esperanza una vez más. A través de ella puedes situarte en la fase que estés y darte cuenta de que lo que estás viviendo será para tu resurrección plena.

Aunque la sepultura para Jesús no representa descomposición porque su cuerpo no conoció corrupción, lo que representa el día sábado y la tumba es sumamente simbólico y aplicable a nuestra humanidad y procesos de duelo.

Como nos lo señala Robert H. Stein en su libro *Jesús, el Mesías*, muchas veces no se daba sepultura a los delincuentes, tomemos en cuenta que Jesús era considerado uno y fue crucificado junto a dos más; según los romanos, pudiera ser que fueran arrojados a algún barranco o depositados en una fosa común.

Sin embargo, esto no ocurrió con el cadáver de Jesús. José de Arimatea, un seguidor secreto de Jesús y miembro del Sanedrín, fue un instrumento de Dios para el cumplimiento de una de las profecías sobre el Mesías, que sería sepultado con la «clase rica» (Mateo 27.57, Juan 19.38, Isaías 53.9). Según el Evangelio de Juan, Nicodemo, un seguidor de Jesús, ayudó a José de Arimatea a sepultarle. Envolviendo el cuerpo de Jesús en un lienzo de lino, le llevaron al sepulcro excavado en la roca. Tanto el Evangelio de Lucas como el de Juan hablan de un sepulcro nuevo, el cual era el espacio adecuado para sepultar al Rey de los Judíos.

Según las costumbres judías para preparar el cuerpo de Jesús, tanto José de Arimatea como Nicodemo lavaron el cuerpo dejándole limpio de toda la sangre derramada, lo envolvieron con especias aromáticas de mirra y áloe que servían principalmente como desodorante. Finalmente fue colocado en el sepulcro excavado en la roca, con una apertura aproximada de un metro; el interior era de dimensiones que permitieran estar de pie a quienes daban sepultura; al finalizar se sellaba con una piedra que se desplazaba dentro de una pequeña zanja a modo de guía y esta descansaba sobre el muro con firmeza. María Magdalena y la otra María estaban allí presenciando cómo daban sepultura al cuerpo de Jesús. Mateo nos relata que durante el día de reposo, es decir el día sábado, los dirigentes judíos fueron a ver a Pilato preocupados porque Jesús había dicho que resucitaría de los muertos al tercer día. Pilato les declara que utilicen al guardia romano para asegurar el sepulcro. Esta acción consistía en sellarlo colocando cierta cantidad de cera fundida en los puntos de convergencia de la piedra y el muro de modo que delatase cualquier movimiento de la piedra y la ruptura del sello romano sobre la cera.

La sepultura del cuerpo de Jesús representa ese día de «reposo», el día sábado que corresponde a la evidencia pública de su muerte y «despedida». El momento de la sepultura en todas las culturas corresponde al último adiós al cuerpo físico. De hecho, en los proceso de duelo, gran parte del momento de *shock* de la realidad vivida inicia para muchos en el momento que ven la tumba, ese momento desgarrador de cierre. Siempre me pregunté cuál era el misterio de los tres días, el misterio del día dos en el que es sepultado en una tumba escarbada en la roca.

Mientras hacía mi estudio bíblico durante mi proceso de dolor pude interpretar en mi reflexión personal cómo esta fase se presenta en los procesos de duelo, pérdidas, crisis o tragedias. Cuando el duelo se procesa a la luz de la redefinición que Jesús le da a la muerte, la segunda fase representa ese periodo de tiempo de desierto, ese periodo de tiempo de oscuridad, soledad, frío, silencio que vivimos y lo experimentamos absolutamente solos, y con esto no me refiero a que estemos solos físicamente porque puede que tengas gente cercana que te acompañe y quiera estar contigo, me refiero a que a ese proceso de sepultura, de despedida, es tan personal e íntimo. En mi reflexión, uniendo las piezas que le iban dando sentido y forma a mis pedazos, pude ver claramente que en realidad lejos de ser muerte eterna estaba siendo «reposo en la roca», en la peña, en la roca que es Cristo; estamos escondidos en la hendidura de la roca mientras el Padre pasa y hace su obra perfecta, en la peña de Horeb, de la cual bebemos agua en medio de nuestro desierto y soledad. Nos regresa a la fuente de agua viva que nos sacia, a la peña de la cual podemos beber.

Todo suceso nos lleva al proceso; el proceso de muerte no solo incluye la revelación de la cruz y la comprensión del sufrimiento a la manera de Jesús, sino incluye también la sepultura, que es esa fase resolutiva en la cual somos recalibrados, en la cual enfrentamos el silencio, la soledad, la oscuridad desde un reposo del alma; no es hasta que reposemos en la roca que podremos experimentar el poder del Espíritu Santo resucitando nuestro ser (Éxodo 33.22, 1 Corintios 10.4, Salmos 18.2, Jeremías 2.13).

He aquí porque acuño la frase «más allá de la recuperación existe resurrección»; ser resucitado es la verdadera vida, vivir en la resurrección de Cristo, porque se requiere morir y sepultar la humanidad con todas sus corrupciones en la roca de Salvación para poder entrar en el reposo de Dios y vivir el proceso de desierto experimentando el agua de la roca y sepultando nuestra vieja naturaleza para que podamos recibir la visitación del Espíritu Santo que resucite nuestra vida, corazón, emociones, sueños, ministerios, ilusiones, matrimonio, relaciones, esperanzas.

La sanidad que produce ese periodo de rendición y quietud en el reposo de Dios es el periodo en el que Dios te enseña a confiar en Sus fuerzas y no en las tuyas, te enseña a descansar en Su Presencia, se te revela en soledad, en la oscuridad, se te revela como la roca de Salvación (Salmos 89.26), se te revela como la roca de la que brota agua. Te enseña sobre el reposo activo, el reposo en la espera hacia la resurrección de todas las áreas de tu vida.

> «Más allá de la recuperación existe resurrección».

A nivel psicológico, físico y espiritual, sobre ese periodo de tiempo en el que eres desprogramado y reprogramado, te lo diré como Dios me lo enseñó, Él me dijo: «Kristy, para recalibrar algo se debe parar no puede ser mientras está en movimiento, debes parar un año, un año sabático, un periodo de reposo en mí, tu roca inconmovible». Y cuando hablo de un año de reposo, no te hablo de un año sin trabajo ni exigencias, siendo madre de dos hermosos varones y con los desafíos financieros por delante que me tocaba enfrentar debido a todas las pérdidas; lejos de trabajar menos, en realidad requería de mí trabajar el doble, no significó un año en contemplación y descanso físico, en realidad significó un año en un reposo activo, en el descanso y la confianza de mi alma en Él. Decidí, primero que todo, darle descanso a mi trabajo ministerial o de servicio en una congregación, me dediqué a ser madre y pastorear el corazón de mis hijos mientras mi Padre pastoreaba el mío. Decidí limitar mis actividades sociales al mínimo priorizando todas aquellas que fueran para un sostenimiento financiero adecuado cuidando que mi responsabilidad no se convirtiera en afán y angustia por temor a que escaseara para mis hijos; ese desafío financiero me mantuvo muy alerta de seguir sostenida en mi confianza de ser una hija de Dios.

> *La tumba, la sepultura que representa el final de algo temporal, pero el inicio de algo eterno.*

La tumba, la sepultura que representa el final de algo temporal, pero el inicio de algo eterno.

Mi mayor crecimiento durante el proceso de bajada, que representó morir en muchos aspectos, fue al comprender el periodo de «sepultura» y lo que este incluía y requería. El proceso fue hacia abajo, hacia adentro, fue descender, pero un entrar en la roca inconmovible para que allí dentro de Él, mi Padre, Su Espíritu pudiera trabajar en lo más profundo, enfrentara mis miedos, mi oscuridad, mi soledad, expuesta al frío y a su vez mientras estaba dentro de ese proceso, afuera Dios mismo estaría usando todo ese dolor y silencio como antesala a sus milagros. Allí, en mi tiempo de «sepultura», de nuevo mi embrión, vi sus ojos, de nuevo me detuve a enfrentar, entregar, rendir, llorar. El silencio fue sanador, la oscuridad me enseñó a ver, el frío se convirtió en preservador de vida. La sepultura de Jesús contiene tanto dentro de sí. El simbolismo de excavar la tumba adentro de la roca de la peña nos muestra al Dios que se ha revelado como roca, como piedra del ángulo, como la roca de la cual brotó agua en medio del desierto.

La sepultura también representa el bautismo en agua. La «sepultura» que tiene lugar en la acción de bautizarse en agua según Colosenses 2.12:

«Ustedes la recibieron al ser sepultados con él en el bautismo. En él también fueron resucitados mediante la fe en el poder de Dios, quien lo resucitó de entre los muertos».

Que hermosa metáfora la de descender a las aguas y simbolizar el morir en Cristo, como un acto de obediencia y declaración pública de nuestra fe en el sacrificio de Jesús. Esto sucedió durante ese proceso de reposo en la roca, toda mi vida y experiencias cristianas cobraron otro sentido y profundidad. Sabía que ese momento adentro de la peña de la roca inconmovible estaba permitiéndome dejar todo lo muerto en las aguas del bautismo para de nuevo ser un testimonio de Su Poderoso amor y resurrección.

La barca que debe encallar y detenerse para poder salvar la vida, la sepultura en el día sábado, día de reposo, nos revelan que la fase de muerte incluye un periodo de tiempo que es clave para el resurgimiento, es clave para ir más allá de una recuperación psicológica, espiritual, física, social, lingüística. Te pregunto: ¿cuándo se sanaron y cicatrizaron las heridas de Jesús? En el momento en que el Espíritu Santo lo resucitó de los muertos; ese milagro fue en privado, la evidencia fue pública, pero el momento de la resurrección adentro de la tumba fue un milagro privado, fue a puerta cerrada, fue en silencio y en medio de la oscuridad. Las películas nos muestran la luz que destelló, las imágenes que nos vienen respecto a lo sucedido, pero a ciencia cierta, nadie estuvo allí adentro. El Cristo resucitado que muestra sus cicatrices y no heridas sangrantes es uno que ya está vivo. El milagro específico de los segundos exactos de la resurrección se dieron adentro de la roca.

El sepulcro nos revela una fase determinante para experimentar la resurrección. Las heridas tienen diversos lugares para acontecer, algunas suceden en lugares públicos, otras en lugares privados. Lo cierto es que todas y cada una de ellas se sana de manera privada; la sanidad y el proceso de recuperación del tejido celular es un acto privado del cuerpo mismo. El médico puede operar, la enfermera limpiar, pero es el cuerpo el que realiza la labor de manera interna.

Es el Padre quien estuvo con Jesús adentro de esa sepultura, quien sanó, pero no de manera superficial, produjo nueva vida desde adentro, levantó de los muertos al Hijo, pero no al hijo natural, sino al Hijo eterno; era Dios encarnado. Lo resucita y los discípulos lo ven en cuerpo humano, no ven solo el espíritu, ven también el cuerpo con cicatrices, Él comió y bebió con ellos. Tenía hambre, se reveló a ellos encarnado y así asciende al Padre. En otras palabras, las implicaciones de la resurrección también tienen lugar en el aquí y ahora de tu vida. No solo para la eternidad.

La resurrección incluye toda tu recuperación, pero no solamente eso, sino un nuevo comienzo, resurgimiento, para todo lo material y temporal, todo lo necesario para vivir, todos los sueños y emociones. Siempre me ha llamado la atención la encarnación de Cristo que dignifica el cuerpo y lo temporal, le da el valor verdadero para lo que fue diseñado. Tu resurrección espiritual tiene implicaciones directas en todo, en tus emociones, relaciones, finanzas, proyectos, sueños, ideas, ilusiones y anhelos. El hecho de que Jesús haya resucitado en cuerpo le da el sustento a la importancia que Dios Padre le otorga a sanar nuestro cuerpo y todo lo que le constituye, psicológica, física y espiritualmente.

Dios está trabajando en tu proceso de crecimiento a través de todas las crisis, tragedias o pérdidas de tu vida; todo cambio genera pérdidas y toda pérdida requiere un duelo y el duelo incluye una tumba sobre la cual se llora, pero la sepultura del Maestro nos regala una nueva perspectiva y revelación de una fase vital para experimentar la verdadera restauración, sanidad, libertad que están incluidas en la resurrección.

Aún no hemos llegado a la tercera fase del libro, la tercera fase de la letra **V**, el progreso, el ascenso, el avance. Dios es el Arquero perfecto, cuando envió a su flecha a la tierra por la concepción del Espíritu Santo en el vientre de una mujer como tú y como yo, lo hizo descender del cielo a la tierra y nació de un vientre donde igualmente estaba siendo formado para nacer a la vida humana; luego, estando vivo, Dios Padre lo hizo descender a la sepultura donde lo hizo resucitar, pero Él también descendió para vencer la muerte y de nuevo ascender al cielo con el Padre.

De nuevo la gráfica de la **V** reflejada, descenso, ascenso. La flecha perfecta, el Hijo Perfecto: Jesús fue lanzado por el Padre, el

Arquero de la tierra hacia el cielo. Dios Padre nunca falló al blanco, todo ascenso y descenso era parte del plan maestro, nada se salía de su control.

La palabra «pecado» viene de la voz griega *hamartia*, que quiere decir «pecado o pecar», *hamartia* tiene un significado etimológico muy antiguo, significa «errar al blanco o fallar, no acertar». Y nuestra realidad humana es que todos hemos errado al blanco. Sin duda hemos querido ser juez y parte, hemos querido jugar de arqueros y de flechas. Nuestros intentos fuera de la voluntad de Dios siempre tendrán gran margen de error, pero cuando entregamos nuestra vida una y otra vez a Jesús y tomamos Su Cruz y le seguimos, por su gran amor y misericordia volverá a tomarnos cuales flechas para ser lanzadas al blanco.

> *Y nuestra realidad humana es que todos hemos errado al blanco. Sin duda hemos querido ser juez y parte, hemos querido jugar de arqueros y de flechas.*

Podría decir que solo una flecha que ha reconocido que es hija, pero una hija que ha muerto a su voluntad y le ha dicho «haz la tuya», puede ser una flecha rendida a su arquero, que colabora con la cuerda, el proceso, y se deja llevar hacia donde el arquero jale la cuerda porque con la misma intensidad que haya sido jalada y estirada esa cuerda será la intensidad del impulso con el que la lanzará a su destino. Sí, deseo ser una flecha que no se resiste, sino que se deja tomar por el Arquero, podría decir una flecha «muerta», pero más viva y útil que nunca, una que colabora en el Plan Maestro, una que solo obedece, que toma Su Cruz cada día y le sigue.

Dirigiéndose a todos, declaró:

—Si alguien quiere ser mi discípulo, que se niegue a sí mismo, lleve su cruz cada día y me siga». (Lucas 9.23)

«Porque ante todo les transmití a ustedes lo que yo mismo recibí: que Cristo murió por nuestros pecados según las Escrituras, que fue sepultado, que resucitó al tercer día según las Escrituras». (1 Corintios 15.3-6)

Uno de los dolores más profundos de mi corazón fue sepultar tantos sueños construidos, despedirme de ellos no fue sencillo. Lloré lágrimas que nunca imaginé que tenía. Pero el duelo cambió cuando comprendí que solo dormían, no estaban muertos, porque todos aquellos sueños que correspondieran al sueño de Dios, a Su voluntad y no a la mía, realmente solo estaban pasando un proceso de transformación para ser resucitados por Él, mi corazón, mi vida, mis hijos y sus corazones. Todo estaba en Sus manos. Parar, encallar, perder era necesario para poder confiar en el Cristo Resucitado. Ahora bien, cada herida que Jesús iba sanando pasó su proceso y tuvo su propósito.

Capítulo 7

LAS SIETE HERIDAS DE JESÚS SANAN TODAS NUESTRAS HERIDAS

───── Diario de una arquera valiente ─────

No creo sentirme tan valiente hoy. Me lastimé el brazo, no utilicé el protector de brazo y el rebote de la cuerda me lo rozó y quemó. Yessi me dio un protector después pero ya no aguanté tenerlo, tendré que esperar un poco antes de la siguiente clase. Sin embargo, debo revisar mi tiro. Hoy Yessi me sugirió que debo revisar, corregir y agrupar. Esto significa que debo seguir mis movimientos, mantener la posición hasta finalizar y así no afectar la flecha en su salida, revisar mi posición del cuerpo y corregir, luego agrupar de tres a seis flechas, revisar y corregir. Esto significa tirar con fluidez y revisar si empiezo a agrupar en una misma zona del blanco los tiros acertados, y así revisar qué movimiento o posición se debe corregir.

Esta clase me hizo pensar que mi primera reacción al sentir dolor fue empezar a perder mi posición y, por lo tanto, fallar los tiros. Estar herido siempre nos hará no acertar al blanco. No quisiera que me pasara en mi vida personal, creo que Dios me ha estado llevando en un proceso profundo de morir y experimentar la realidad de ver mi dolor a la luz del sacrificio perfecto de Jesús, sin embargo, aún debo seguir en el proceso y permitir que Jesús sane todas mis áreas afectadas, no quiero continuar herida y fallar los tiros. Me tomaré un descanso de las clases porque debe sanar mi brazo, pero será solo unos días, tampoco dejaré que el miedo a volver a herirme me detenga. Necesito sanar y utilizar en la siguiente clase los elementos necesarios. Lo haré en mi vida también. Sanaré y volveré a la batalla.

Las siete heridas de Jesús sanan todas nuestras heridas

Mujer valiente, la humanidad entera está herida, eso lo tenemos muy claro a estás alturas de nuestra lectura, pero quiero compartirte un profundo análisis y reflexión por los que Dios me llevó mientras iba en mi proceso sobre esta comprensión del dolor y la sanidad tan profunda que Su Palabra fue haciendo en mi vida. Cuando se trata de dolor, este es absolutamente único y profundo para cada persona que lo experimenta, no es un factor posible de comparar, ya que la medida del dolor es solo experimentada en la persona que lo sufre.

Dios Padre sufrió nuestras heridas también; sí, Jesús las cargó y pagó, pero Nuestro Padre también las sintió. Sufre al vernos sufrir como un padre que quisiera evitar el dolor de sus hijos, ya que quien no puede sufrir tampoco puede amar. No tenemos un Dios carente de afectos, frío y apático, narcisista que solo puede reclamar que los mortales le amen a causa de su perfección y belleza, un «amante egoísta».

> *Sufre al vernos sufrir como un padre que quisiera evitar el dolor de sus hijos, ya que quien no puede sufrir tampoco puede amar.*

El Dios verdadero nos ama y nos amó primero, y a su vez nos dejó en libertad. El Dios verdadero no sufre como la criatura por una carencia o deficiencia en su ser, sino sufre de amor por la creación. Él decide amar, por lo tanto, quiere y puede sufrir y está sufriendo por el mundo. Él nos revela su carácter en su relación con el pueblo de Israel y su sufrimiento por él, así como en la pasión de Cristo, es el amor de un Padre por Su Hijo, por sus hijos. De aquí que los hijos de Dios pueden hablar del sufrimiento de Dios y experimentar la comunión con Él, quien nos comprende y acompaña, es el Dios que se revela, que nos acompaña a través de su Espíritu en medio de todo proceso doloroso.

Al identificarnos con el dolor de Jesús y Él con el nuestro, no sufrimos sin motivo; cuando en nuestra «noche oscura del alma» podemos gritar como Jesús: «¡Dios mío, Dios mío por qué me has abandonado!» estamos reconociendo un Dios que se solidariza con nuestro sufrimiento a través del Cristo abandonado, doliente, angustiado y desesperado. La perspectiva de Dios mismo cambia a través del dolor y sufrimiento por medio de los ojos de Jesús en los nuestros. Conocer a Dios en la angustia es conocer el significado de la frase que Job dijo un día: «De oídas te había oído pero ahora mis ojos te ven».

> *El Dios verdadero nos ama y nos amó primero, y a su vez nos dejó en libertad. El Dios verdadero no sufre como la criatura por una carencia o deficiencia en su ser, sino sufre de amor por la creación.*

Conocer a Dios a través del sufrimiento es conocer la trascendencia del sacrificio de Jesús y es ver al Padre en el Hijo y al Hijo en el Padre y la obra del Espíritu Santo consolando nuestro proceso, y lo que es más sublime aún volviendo a estar cerca de Él a través del perdón de nuestros pecados que nos alejaban de Él, finalmente la verdadera muerte es la lejanía de Dios. Conocemos la Trinidad en acción y la acción de ella en nuestro ser trino, espíritu, alma y cuerpo. Es conocer a un Dios completamente diferente a lo que la filosofía o cultura greco-romana había presentado hasta entonces; ellos conocían a dioses distantes, alejados y desconocedores de la realidad de los mortales. Pero Jesús en el Getsemaní no va desprendiéndose de la realidad humana, por el contrario, es un Dios doliente, que va hundiéndose en la realidad del ser humano y en su fragilidad para asumirla en toda su plenitud hasta morir en la cruz.

Durante todos los relatos de la vida de Jesús en los evangelios vemos la imagen de un ser sereno, sabio, sobrio y perfecto. Pero los relatos de Jesús en el Getsemaní son de un ser humano en todo su esplendor, sumido en la tristeza, repitiendo las oraciones para ser escuchado, un Hijo que extraña al Padre, un hombre de treinta y tres años lleno de temores y dudas. Un amigo necesitando la compañía de sus amigos, para soportar la hora de la angustia. Vemos a un Hijo que quiere hacer la voluntad de su Padre, pero que desearía escapar de ella. El sufrimiento implicaba que Él no solo cargó con nuestro pecado, Él se hizo pecado, Él realmente nos sustituyó como las víctimas que éramos. El ser humano puede cargar su pecado sin tan siquiera tener consciencia de sus implicaciones y, por lo tanto, no le desgarra, pero Jesús sabía todas las dimensiones del pecado y la muerte eterna debido a Él. Jesús se hizo pecado, Él se estaba haciendo lo que era contrario a Él mismo. (Isaías 53.6, 2 Corintios 5.21). ¡Qué sumo sacerdote que se compadece de nosotros, que conoce nuestras tentaciones y ha sufrido nuestro dolor!

> Conocer a Dios a través del sufrimiento es conocer la trascendencia del sacrificio de Jesús y es ver al Padre en el Hijo y al Hijo en el Padre y la obra del Espíritu Santo consolando nuestro proceso.

Las heridas fisiológicas que recibió Jesús se conectan con áreas físicas que están íntimamente ligadas con áreas psicológicas representativas de heridas y traumas emocionales, y a su vez al milagro espiritual al que este sacrificio perfecto nos da acceso. De igual manera, como la esperanza teológica nos da esperanza psicológica, el sacrificio perfecto de Jesús incluyó todos los aspectos de la vida que necesitan ser sanados a través de su amor derramado en la cruz. Este sacrificio nos devolvió la comunión con Dios y en esa comunión se encuentra la restauración plena y progresiva que produce su sanidad plena. Las experiencias del sufrimiento de Jesús nos revelan un aspecto específico de la vida y cada área que Su Preciosa Sangre cubrió para sanar, liberar y transformar. Leamos Isaías 53.

> *¡Qué sumo sacerdote que se compadece de nosotros, que conoce nuestras tentaciones y ha sufrido nuestro dolor!*

¿Quién ha creído a nuestro mensaje
    y a quién se le ha revelado el poder del Señor?
Creció en su presencia como vástago tierno,
    como raíz de tierra seca.
No había en él belleza ni majestad alguna;
    su aspecto no era atractivo
    y nada en su apariencia lo hacía deseable.
Despreciado y rechazado por los hombres,
    varón de dolores, hecho para el sufrimiento.
Todos evitaban mirarlo;
    fue despreciado, y no lo estimamos.

Ciertamente él cargó con nuestras enfermedades
    y soportó nuestros dolores,
pero nosotros lo consideramos herido,
    golpeado por Dios, y humillado.
Él fue traspasado por nuestras rebeliones,
    y molido por nuestras iniquidades;
sobre él recayó el castigo, precio de nuestra paz,
    y gracias a sus heridas fuimos sanados.

Todos andábamos perdidos, como ovejas;
   cada uno seguía su propio camino,
pero el SEÑOR hizo recaer sobre él
   la iniquidad de todos nosotros.
Maltratado y humillado,
   ni siquiera abrió su boca;
como cordero, fue llevado al matadero;
   como oveja, enmudeció ante su trasquilador;
   y ni siquiera abrió su boca.
Después de aprehenderlo y juzgarlo, le
   dieron muerte;
   nadie se preocupó de su descendencia.
Fue arrancado de la tierra de los vivientes,
   y golpeado por la transgresión de mi pueblo.
Se le asignó un sepulcro con los malvados,
   y murió entre los malhechores,
aunque nunca cometió violencia alguna,
   ni hubo engaño en su boca.

Pero el SEÑOR quiso quebrantarlo y hacerlo sufrir,
   y, como él ofreció su vida en expiación,
verá su descendencia y prolongará sus días,
   y llevará a cabo la voluntad del SEÑOR.
Después de su sufrimiento,
   verá la luz y quedará satisfecho;
por su conocimiento
   mi siervo justo justificará a muchos,
   y cargará con las iniquidades de ellos.
Por lo tanto, le daré un puesto entre los grandes,
   y repartirá el botín con los fuertes,
porque derramó su vida hasta la muerte,
   y fue contado entre los transgresores.
Cargó con el pecado de muchos,
   e intercedió por los pecadores.

Este porción de la Biblia nos permite ver un cuadro muy detallado del sufrimiento de nuestro Salvador; al leerlo podemos identificarnos con sus heridas, las cuales nos permiten encontrarle sentido y esperanza a las nuestras. Nuestra sanidad a través de sus heridas no solo trata nuestras heridas y la dinámica psicológica proveniente de ellas, sino todo lo que esas heridas producen en nuestra conducta, en nuestra lucha existencial derivada y en los resultados a nivel sistémico, es decir, familia, trabajo y relaciones interpersonales en dichos entornos. En otras palabras, su sacrificio trata con las heridas de la vida misma. La única manera en que ellas pueden cambiar la interpretación de nuestros acontecimientos es si dejamos que la propia vida, muerte y resurrección del Dios encarnado transforme nuestra perspectiva y mirada de los acontecimientos. Por lo tanto, así como la cruz que había sido diseñada para representar muerte y escándalo en Él representa salvación y vida eterna.

En el Antiguo Testamento encontramos la maravillosa revelación de amor a través del tabernáculo, que significa «morada» o «tienda de encuentro», visto desde arriba tenía forma de cruz; siempre que Dios se ha querido acercar a sus criaturas para revelarse como Padre, se ha requerido una cruz. El acceso tiene forma de cruz; la salvación, la sanidad, la identidad, la verdadera imagen tienen forma de cruz. El Dios que se revela incluye el paso por la cruz, por eso el proceso de crecimiento es muerte desde esa perspectiva de esperanza y sentido. La cruz muestra cómo Dios hecho hombre, en su confrontación con la historia y los sistemas humanos, expone, arriesga y «pierde». Puede ser que tomar nuestra cruz cada día parezca para los sistemas humanos que hemos perdido; una cruz que nos avergüenza por no salirnos con la nuestra puede parecer humillante o una pérdida para la perspectiva humana, pero solo desde la perspectiva eterna podrá

> *El acceso tiene forma de cruz; la salvación, la sanidad, la identidad, la verdadera imagen tienen forma de cruz.*

comprenderse que tomar la cruz es un acto público de humillar nuestro orgullo y dejar que gane Cristo. Acompáñame a analizar la conexión y comparación que este proceso me mostró en lo personal y creo que puede bendecir tu vida también.

1. Sudor de sangre:

«Pero, como estaba angustiado, se puso a orar con más fervor, y su sudor era como gotas de sangre que caían a tierra». (Lucas 22.44)

Después de la Última Cena, Jesús se fue a orar al Huerto de los Olivos, situado en un lugar llamado Getsemaní. La angustia agonizante era latente, Él sabía que sería entregado, traicionado, que se cumpliría toda la profecía, cien porciento hombre, cien porciento Dios; su humanidad en total estado de ansiedad, estrés y tristeza. Imagina el dolor emocional, el sentimiento de abandono y soledad, no solo por ser traicionado por sus amigos, sino el momento que se aproximaba de sentirse abandonado aun por Su Padre, ese era el peor momento de separación, la verdadera muerte.

La ciencia le ha denominado «hematidrosis» al sudor de sangre. Los científicos denominan que esta condición se presenta en algunos casos cuando la persona está bajo tensión o estrés extremo, y al congestionarse los vasos sanguíneos cerca de las glándulas sudoríparas debido a ello, los escapes de sudor se combinan con sangre. Que su sangre haya corrido desde la ruptura de los vasos sanguíneos revela la profundidad a la que llega la sanidad a nuestros cuerpos por esa misma sangre.

Nuestras angustias más profundas son conocidas por nuestro Salvador, Hermano Mayor y Maestro. Él trató con los momentos de ansiedad más severos, el pánico más desconcertante y la tristeza abrumadora. Todas las angustias fundamentales del ser humano fueron llevadas por Jesús; el estado de angustia fundamental de rechazo, abandono o soledad, todas esas heridas internas posibles de ocultar, que solo aparecen en nuestros momentos de soledad y clamor, todas y cada una de ellas fueron llevadas por Él.

2. La espalda flagelada:

«Entonces les soltó a Barrabás; pero a Jesús lo mandó azotar, y lo entregó para que lo crucificaran». (Mateo 27.26)

Este era un periodo de tortura y flagelación impuesto por el Imperio romano que tenía como objetivo destruir física y anímicamente al condenado. Se le desnudaba la parte superior y lo ponían encorvado contra un poste, entonces empezaban los azotes sin ninguna misericordia; utilizaban el *flagellum* o *flagrum*, este era un látigo corto que en las puntas tenía pedazos de hueso o hierro, con el fin de desgarrar la piel al ser utilizado. A esto le seguían las humillaciones y burlas públicas.

La traición, el rechazo, las injusticias y todo peso que cargamos del pasado en nuestra espalda. Todo lo que han hecho a nuestras espaldas sin capacidad de responder, todo lo que desgarraron de ti sin tú poder reaccionar, todos aquellos traumas vividos en la infancia y juventud experimentados con «manos atadas» emocionalmente, indefensos sin capacidad de reaccionar en nuestra defensa. Él los conoce todos y cada uno.

3. Corona de espinas:

«Luego trenzaron una corona de espinas y se la colocaron en la cabeza, y en la mano derecha le pusieron una caña. Arrodillándose delante de él, se burlaban diciendo:
—¡Salve, rey de los judíos!». (Mateo 27.29)

Después de los latigazos, que rompían la piel y rompían la dignidad y el valor del ser humano, continuaban con la burla hacia su posición de rey de los judíos, en señal fue puesta la corona de espinas, le colocaron una túnica y dieron una caña como símbolos de burla a la realeza que según ellos decía ser.

Los romanos utilizaban ramas de unos arbustos espinosos conocidos como Zizyphus o Azufaifo que tenían espinas largas, fuertes y puntiagudas. Claramente perforaban la piel, en especial la de las sienes. En mi proceso fue clara la conexión a la sanidad hacia las heridas de la mente, memorias destructivas, recuerdos e imágenes. Todo lo que ataca nuestra sabiduría, conocimiento, concentración, creatividad. La burla a nuestra posición e identidad, y nuestra posición como cabezas y líderes.

4. El patíbulo de la Cruz:

«Jesús salió cargando su propia cruz hacia el lugar de la Calavera (que en arameo se llama Gólgota)». (Juan 19.17)

Esta era la viga transversal de la cruz que el reo llevaba amarrada a los brazos mientras caminaba hacia el lugar de su crucifixión para ser colocado en el poste fijo que ya estaba en el lugar. Para clavar los pies, las manos, muñecas y los antebrazos. Dicho palo transversal pesaba alrededor de ciento veinticinco libras, era colocado sobre la nuca amarrado a los brazos y se balanceaba sobre los hombros.

La viga horizontal para mí representa el aspecto horizontal de la vida, todo el caminar desde el Getsemaní hacia el «Calvario», que proviene del arameo y hebreo *Gólgota* que significa «la calavera», donde sería crucificado. El aspecto horizontal de la cruz para mí trajo luz respecto a nuestra vida temporal apuntando hacia los lados, conectando nuestras manos y brazos pasando por el corazón. Sin duda, todas las heridas de nuestra vida están en estos aspectos humanos temporales, en esa conexión con el aspecto vertical de la cruz, el *staticulum*, que ya estaba colocado en el lugar y se dejaba en el suelo, que apunta en dirección al cielo, lo eterno, lo trascendental.

Curiosamente es esta viga que asciende la que sostiene la viga horizontal, sin la vertical no podría tener sustento el aspecto horizontal de la cruz. Jesús fue crucificado junto a dos ladrones, de la misma manera que ellos, con sus brazos extendidos, pero los de Jesús le dieron vida a los de uno de ellos en los últimos segundos de la vida temporal que habían desperdiciado. Jesús en sus últimos segundos le da la oportunidad de reconocerle y arrepentirse para darle acceso a la vida eterna. Sabemos que Jesús llevó esta viga pesada hacia el Calvario, y que fue ayudado por Simón de Cirene; no puedo imaginar cuánto dolor causaba la presión de esta pesada viga sobre sus heridas, esto me hace pensar en las presiones y pesadas cargas que llevamos y lastiman aún más las heridas que ya hemos recibido, dichas cargas podrían representar el peso que llevamos y no nos permite sanar. Jesús, al llevar esta viga y dolerse por la presión de ella, trata con nuestro dolor y nuestras pesadas cargas que producen daño emocional y físico. Él nos está guiando hacia Él, hacia la cruz para rendir todo a Él.

5. Heridas en los pies:

«Miren mis manos y mis pies. ¡Soy yo mismo! Tóquenme y vean; un espíritu no tiene carne ni huesos, como ven que los tengo yo». (Lucas 24.39)

Los clavos que traspasaron sus manos y pies medían aproximadamente entre trece y dieciocho centímetros de largo y un centímetro de diámetro en su cabeza. Este tipo de muerte era la más dolorosa y extensa que podía haber durante el Imperio romano, de tal manera que no hay dolor o trauma que este tipo de muerte no incluya, tomando en cuenta que el acontecimiento contiene todo tipo de violencia, traumas múltiples desde la flagelación hasta la crucifixión. Además del dolor provocado por los clavos en, el sufrimiento interno y la falta de respiración producida por la posición son absolutamente inhumanos. Las heridas en los pies, los clavos que los traspasan resuenan en mi corazón con las heridas que hemos recibido en nuestro caminar, movimiento, avance, pertenencia, posición, estabilidad, proyección. Esas heridas que van directamente a nuestra capacidad de caminar, posicionarnos y avanzar.

6. Las heridas en sus manos:

«Miren mis manos y mis pies. ¡Soy yo mismo! Tóquenme y vean; un espíritu no tiene carne ni huesos, como ven que los tengo yo». (Lucas 24.39)

Los clavos en las manos y los pies, las extremidades con las que había trabajado la madera, acariciado a sus padres, sanado, tocado, partido el pan, entregado la Santa Cena, era todo su hacer, todo su dar, todo su trabajo. Representando así e identificándose con las heridas en nuestro hacer, nuestro dar, nuestra entrega y trabajo. Todas las heridas recibidas a través de las manos y lo que ellas representan. En mi trabajo ayudando en trauma hay tanto dolor que se refleja a través de las manos, tanto que se reprime y evidencia en ellas que reconocer el poder de la sanidad a través de estas heridas de Jesús es absolutamente liberador y capaz de hacernos creer y salir de la incredulidad y el temor.

7. Lanza en el costado:

«Sino que uno de los soldados le abrió el costado con una lanza, y al instante le brotó sangre y agua». (Juan 19.34)

La herida final estando Jesús en la cruz tiene las características similares de aquel momento en el Getsemaní, inicia con sudor y sangre, y termina con sangre y agua. Él lo dio todo hasta que la última gota de Su Preciosa Sangre fue derramada. El corazón traspasado se identifica con todas las heridas de nuestro corazón, las heridas hechas a latido de nuestra vida muchas veces pueden ser el final de un proceso de deterioro y destrucción emocional; sin darnos cuenta la lanza que traspasa el corazón, ya sea por traición, injusticia, abuso, o un cierre no saludable en alguna relación personal a nivel laboral, ministerial o familiar puede convertirse en este último momento de sufrimiento para el cuerpo, pero que abrirá paso al cumplimiento de algo mayor; aunque nuestros ojos no lo puedan ver, la fe nos permite abrazar la esperanza en medio del dolor.

Cuando estamos en medio del dolor que producen las heridas, nuestra capacidad de comprensión está completamente nublada, lo único que nos sostiene es el Espíritu de Dios en nuestro espíritu, y es esa resiliencia divina la que toma de las reservas de esperanza para cumplir hasta el último suspiro con aquel propósito que viene de Dios. Ser valiente para obedecer en tomar la cruz, no es una declaración emocional, sino una decisión que nos hará conectar con las profundidades de la valentía depositada en nuestro ser.

Las siete heridas de Jesús me hicieron comprender lo que estaba sucediendo en mi mente, cuerpo y corazón. Logré encontrar un sustento que le dio sentido y propósito a todo y despertó mi valentía, y esta activó aquella resiliencia divina. Cada herida de mi Señor ha sanado las mías, y seguirá haciéndolo. Ser valiente para crecer es ser valiente para pasar el proceso, pero con una observación diferente a través de los ojos del Maestro.

> *Ser valiente para crecer es ser valiente para pasar el proceso, pero con una observación diferente a través de los ojos del Maestro.*

Cuando estudié las heridas de Jesús, mis lágrimas corrían y pude experimentar, por la fe, cómo mi Señor iba sanando las heridas en mi mente y mis memorias, las heridas en mi espalda, mi pasado, las cargas pesadas que no debía cargar más, las heridas en mis manos; fueron sanados mi «hacer», mi capacidad de dar, de crear y de realizar; también las heridas en mis pies, mi avance, mi territorio, mi pertenencia; las heridas emocionales que producían angustia y ansiedad sobre el futuro. Todo mi cuerpo, mi alma y mi espíritu estaban siendo sanados por cada herida que Él recibió; comprendí profundamente que por Su llaga yo fui sanada.

ORACIÓN VALIENTE

Señor Jesús, hoy comprendo que no solo me diste salvación eterna y perdonaste mis pecados, también llevaste cautiva la cautividad y por tu llaga yo he sido sanada. Hoy, en un acto consciente y voluntario, quiero pedir tu sanidad perfecta en mi vida. Sana mi mente, mi corazón y mi cuerpo. Te entrego todas las heridas, tanto las que me han infringido, como las que yo he infringido a otros. Te pido perdón y recibo tu justificación, te invito a tomar control de toda área que necesite sanidad y libertad en mi vida. Recibo por tu gracia y misericordia la sanidad y libertad que tú ganaste en la cruz del calvario. En el nombre de Jesús. Amén.

PASO VALIENTE

Delante del Señor medita en cada una de las siete heridas de Jesús y sus aplicaciones a tu vida personal. A la luz de las Escrituras analiza las áreas de tu vida en las que has sido herida o aún sientes dolor. Vuelve a hacer la oración anterior mencionando cada una de las áreas que escribiste en tu bitácora valiente.

Capítulo 8

SÉ VALIENTE PARA NO JUZGAR A OTROS

────── Diario de una arquera valiente ──────

Tuve una clase muy pero muy divertida; hoy recibí clases con los alumnos más pequeños que Yessi tiene en su academia y fue realmente interesante. No sé si sentirme bien o mal... me intimidaron unos arqueritos de diez años que tiraban con una pericia impresionante. Por un momento me quedé tan impresionada que estuve tentada a ya no tirar, me faltan unos diez años para tirar como ellos... jaja, espero que no tanto, pero realmente hoy comprobé que cuánto más lo disfrutas, más bueno te vuelves. Estos niños solamente lo disfrutan, creo que no piensan tanto sus tiros, solo lanzan y listo. Cuando los vi entrar pensé que la clase sería muy aburrida porque sería la única señora en medio de tantos niños. Rápidamente, estaba «juzgando» por lo que mis ojos veían... y nuevamente recordé la frase que Dios me dijo al corazón durante el proceso doloroso de mi vida: «Sé valiente para no juzgar a otros»; es curioso pero siempre estamos generando prejuicios de otros, tanto malos como «buenos», no sé si será bueno poner tan altas expectativas en otros solo porque juzgamos por apariencias.

Yo cometí ese error de nuevo al ver entrar a los niños, y luego me percaté de que casí podía ver a mi David Esteban de diez años. Si hubiese sido él, entonces como buena madre habría pensado: *mi hijo es el mejor*. La vida sería mucho más sencilla si nos dedicáramos a amar más y juzgar menos, tanto con expectativas altas como al juzgar con maldad.

Dios tenga misericordia de nuestra mente prejuiciosa, necesitamos aprender a dejar de opinar de los demás y desenfocarnos de nosotros. Dejar de quitar la paja en el ojo del otro y olvidar nuestra viga. En fin, efectivamente mi tiro no fue tan bueno y a medida que iba avanzando la clase me di cuenta de que por estar viendo lo bien que lo hacían ellos dejé de concentrarme en lo mío. La clase no fue muy buena debido a mi desenfoque. Una vez más compruebo que se requiere valentía y carácter para dejar de juzgar a otros.

——— «Sé valiente para no juzgar a otros» ———

Recuerdas, esta es la tercera frase que Dios habló a mi vida en aquel momento del suceso trágico. Como te he mencionado anteriormente, no sabía la profundidad que contenía esta dirección compuesta de cuatro frases. No fue hasta que empezaron a pasar los días que me di cuenta de que Dios estaba trabajando en mi vida por fases y periodos muy específicos, y fue así como empecé a darme cuenta de que estaba trabajando por fases, interfaces, momentos y transiciones, ritmos y cierres específicos.

Soy psicóloga de profesión, pero decidí estudiar la carrera debido a mi trabajo pastoral en consejería bíblica por tantos años. Me especialicé en educación porque amo enseñar la Palabra, pero soy una artista hasta la médula, mi carrera artística pública empezó a mis quince años y desde entonces vengo sirviendo a la iglesia de Cristo en muchas partes del mundo. Así que, a pesar de haber acompañado procesos como este en otras personas y haberlo vivido una vez anteriormente, no puedo decir que estaba lista para esto, pero sí puedo decir que Dios venía preparando mi corazón y mi espíritu para tener fortaleza divina ante el suceso inesperado.

Puedo ver claramente que Dios me permitió vivir en sus propósitos y planes, aunque paralelamente el enemigo estaba trabajando en la traición. Recuerdo cómo días antes de que todo saliera a la luz, mi corazón estaba tan nutrido del amor del Padre, que me sentía enamorada de la vida. Me estaba llenando de fe, estaba creyendo que el mejor tiempo de mi matrimonio estaba por venir y que iba a tener la cosecha de mi amor y paciencia. El día antes de que saliera a la luz la verdad, tuve un Getsemaní, sin saberlo, lo comprendí después. Tuve un momento en la presencia de Dios, en el que derramé lágrimas que no conocía, de hecho me impactó mucho el momento tan intenso de dolor, pensé que estaba teniendo un tiempo de intercesión muy intenso por las mujeres que dirigía en aquel entonces. Sin embargo, algo pasó dentro de mí. Le rendí todo a Dios, recuerdo que Él habló a mi corazón diciéndome: «Soy tu todo, soy el León de Judá que ruge por sus crías». Recibí la metáfora con total gozo.

Fue una tarde muy intensa. No sabía lo que me esperaba. Salí de ese tiempo sintiéndome tan enamorada de mi esposo, hijos, iglesia. Segura y plena, el futuro me sonreiría. Estaba segura de que Dios usaría mi hogar para su obra, el testimonio de habernos restaurado del primer adulterio, estar sirviéndole y bendiciendo a otros.

El día siguiente sucedió lo que no estaba en mis expectativas, tal como te lo compartí al inicio.

Nos identificamos con Cristo en sus padecimientos cuando estamos buscando hacer su obra, cuando estamos intentando hacer lo que es debido; sin embargo, somos imperfectos y llenos de pecado, a pesar de no hacerlo deliberadamente, esa es nuestra naturaleza, no somos gente buena tratando de no ser mala, somos malos que Él justifica por gracia. Aquel momento «Getsemaní» me preparó para experimentar una cruz, pero una cruz que llevaba con todo y mi imperfección y heridas sobre Él; finalmente, solo estaba cargando la cruz que Él ya había llevado, estaba llorando la traición del hombre de mi vida con mi amiga querida, lloraba la pérdida de una congregación que amaba, lloraba las ilusiones rotas.

Las implicaciones de «Sé valiente para no juzgar a otros» eran muy profundas y se constituyeron en el proceso que te compartiré, no sucedió de la noche a la mañana, sucedió como parte del proceso de cruz y sepultura al punto que el milagro fue evidenciándose a través de la obediencia.

Había sido una víctima por segunda vez, gente inocente golpeada, mis hijos, la congregación, ahora tocaba decidir. No podía convertirme en cómplice, la gente no podía ser engañada ya más, el perdón no estaba en tela de juicio, pero seguir con la iglesia y el matrimonio tenía que definirse a la luz de Su Palabra y dirección. Fue cuando comprendí que el proceso empezaba en ese largo y profundo proceso de duelo, reflexión, sanidad, restauración, y las piezas fueron tomando forma, Su Palabra se iluminó para mí, y si sus siete heridas me permitían identificar las mías a la luz de su perfecto y único sacrificio de redención, entonces aquellas siete frases desde la cruz también me darían la dirección de cómo proceder ante tantas dudas y preguntas. Había momentos en los que solo lloraba, ni siquiera podía articular palabras, no comprendía cómo seguiría adelante, pero la Biblia y la empatía de mi Amado Varón de Dolores me hacían saber que Él estaba justo a mi lado, Su Espíritu consolándome y, literalmente, era una lámpara en mi oscuridad, fue en ese momento cuando encontré un sentido tan aplicable en cada frase desde la cruz, que iba activando mi corazón y valentía para seguir adelante.

Capítulo 9

DESDE LA CRUZ:
LAS SIETE FRASES DE JESÚS

———— **Diario de una arquera valiente** ————

Esta clase fue extraña, Yessi tenía que atender a los chicos principiantes y me dejó practicando sola. Lo curioso es que aunque ya tengo el conocimiento básico para entrenar sola y la edad para ser responsable, noté que me hizo falta la voz de dirección y corrección de Yessi. A medida que entrenaba, me sentía insegura y a la vez no sabía que había fallado cuando no acertaba el tiro. Quizás porque Yessi hace una labor de observadora que me permite confiar en la guía que me provee para poder sentir la seguridad de estar haciendo lo correcto. Es incómodo sentirse perdido, pero más aún no tener las instrucciones para mejorar. Nuevamente me conecté a mi proceso, los días del proceso en este año han sido muy profundos en mi sanidad, pero a medida que he vivido el periodo de sepultura, he podido experimentar que debo continuar entrenando mi corazón para tranformar el pasado en una nueva forma de vivir. No puedo dejar de oír la voz del Espíritu Santo dirigiendo mis decisiones y mucho menos mi alma que vuelve a sentir dolor y deseos de justicia. Necesito seguir caminando en las promesa que Él me dio, viene lo mejor, aún no he visto la plenitud de su milagro de resurrección.

Así como Yessi me hace falta como guía en mi entrenamiento, así mismo la voz de Su Espíritu debe ser mi guía o dejaré de acertar al blanco en todos los tiros. Seguiré sus pasos valientes y su dulce voz. Necesito dirección para mí y los míos. Mi familia, mi madre, mis hermanos y mis hijos deben seguir recibiendo paz que sobrepasa el entendimiento. Ahora comprendo que si sus heridas me sanaron, las palabras que Jesús dijo desde la cruz han de ser instrucciones para soportar el proceso y caminar en dirección a la resurrección.

—— Desde la Cruz: Las siete frases de Jesús ——

1. «Padre, perdónalos porque no saben lo que hacen». (Lucas 23.34)

Esta frase inicia reconociendo que le está pidiendo a su Padre, es un hijo dirigiéndose al Padre. El principio de mi proceso de perdón y luego de dejar los juicios fue recordar que mi identidad era de hija de Dios. Recordar que mientras sufro y le pido a Dios su ayuda e intervención me estoy dirigiendo a un Padre amoroso, Él me ama y conoce, Él sufrió conmigo y sufre la separación de sus hijos cuando deciden pecar y alejarse.

El no saber lo que hacen, no está justificando al pecador, está intercediendo por misericordia; como te expliqué anteriormente, los seres humanos vivimos inconscientes de nuestra verdadera identidad. Recuerda que quienes están crucificando a Jesús son los mismos fariseos, supuestos conocedores de la verdad. Es decir, de igual manera que Pablo creía estar haciendo lo correcto persiguiendo a los cristianos. Imaginemos el nivel de desconexión con Dios que se tiene en el momento de traicionar a quien solo te ha hecho bien. Jesús apunta a la maldad que ha enceguecido al ser humano en su necedad, no tienen consciencia del daño que están haciendo.

Nosotros podemos perdonar ofensas entre unos y otros, pero el único que puede perdonar pecados es Dios, por eso el Padre Nuestro nos enseña a orar «perdónanos como nosotros perdonamos a los que nos ofenden». Para perdonar a otros necesitamos reconocer que nosotros mismos hemos sido ya perdonados. De lo contrario, no podremos otorgar algo que no tenemos. El concepto de perdón de pecados es teológico, es decir si no hay Dios no hay contra quien pecar, podremos ofender a otros, pero no reconocemos el pecado hasta reconocer que hay un Dios perfecto y santo contra el cual se peca, es decir, contradecimos sus ordenanzas y principios, por lo tanto, pecamos.

Lo curioso de comprender el concepto de pecado y perdón es que ante la santidad de Dios nuestros mejores intentos de bondad son nada, es decir se necesitaba del cordero perfecto para la remisión de pecados, el perdón total de nuestra maldad. Ninguno hubiese podido lograrlo sin Jesús. Por lo tanto, el ser valiente para no juzgar a otros iniciaba reconociendo que ante la cruz todos estábamos al mismo nivel de pecadores, por ende todos necesitamos la misma gracia y misericordia. Las consecuencias son específicas y personales, pero el perdón es uno para todos, pero cada quien debe buscarlo y arrepentirse para recibir el perdón y la justificación por la gracia y por la fe.

Entonces, ¿cuál era mi jurisdicción en esta gran traición?: solo mi corazón y el de mis hijos, no podía mandar en el corazón de nadie más. Pasó mucho tiempo antes de que tan siquiera fueran conscientes de su estado de pecado; no es lo mismo reconocerlo en secreto, arrepentirse y confesar, que ser descubierto y tratar de justificar tus pecados. Si pedimos disculpas por nuestros errores y no perdón por nuestro pecado, no hemos comprendido la gracia y el amor de Dios. El arrepentimiento se evidencia con la humildad y la confesión de pecados con la verdad. Mientras mientas y tu orgullo se evidencie tratando de justificar tus faltas, no podrás experimentar la libertad del arrepentimiento y la dulzura de la gracia que te hace consciente de tu estado de calamidad y a la vez de tu verdadera identidad de hijo adoptado por un Padre Perfecto. Fue cuando Dios me llevó en un proceso descendente y trascendente desde llorar en contra de ellos hasta llorar a favor de ellos.

> *Si pedimos disculpas por nuestros errores y no perdón por nuestro pecado, no hemos comprendido la gracia y el amor de Dios.*

Perdonar no significa olvidar.

Perdonar no significa reconciliar si no hay arrepentimiento y confesión con la verdad de la otra parte.

Perdonar no implica ser cómplice.

Perdonar no significa negar las consecuencias.

Perdonar no significa resignarse.

Perdonar no es negar los hechos.

Perdonar no es evadir.

Perdonar no es dejar de sentir

Perdonar no es intentar «ser fuerte».

Perdonar requiere la rendición total a Dios.

Perdonar es aceptar sin resignarse a vivir en dolor.

Perdonar es absolver al otro de su deuda.

Perdonar es resignificar el dolor vivido.

Perdonar es liberarme de mi culpa y de la del otro.

Perdonar es ser responsable de mi vida.

Perdonar es dar de gracia lo que de gracia recibimos.

Perdonar es empezar conmigo misma.

Perdonar es la forma más profunda de empatía.

Perdonar es amar.

Finalmente, perdón es la absolución de la culpa del pecado, esto quiere decir que se ha dado la sentencia de NO culpables de la acción considerada como ofensa, renunciando al derecho de venganza o reclamación del justo castigo o restitución. La pelea que mantengo con otros tiene una causa raíz en algo que no puedo soltar, en algo que no he procesado, un perdón no concedido a mí principalmente.

Perdón es la aceptación consciente y responsable de lo que sentí y viví, pero a su vez la aceptación de que yo soy la única responsable de hacer lo necesario para sanar y responder a ese suceso dañino de forma transformadora, de restauración eterna. Ahora bien, parte de perdonar incluye dejar de juzgar, y esa es la parte más compleja en el proceso de perdón. Por juicio se entiende el acto mental por el que el entendimiento afirma o niega que algo posea tal o cual propiedad. Que sea y tenga cierto valor o característica.

Pasé muchas semanas juzgando a mis ofensores y su futuro. Y con franqueza puedo decirte que Dios me dio permiso para que mi humanidad se expresara, validara mis emociones, procesara mi duelo, odiara y deseara lo peor para quienes habían destruido tanto. ¿Sabes por qué? Porque es necesario. Las emociones que no se reconocen, no pueden validarse y si no las validas tampoco puedes procesarlas, porque no puedes procesar y curar algo que no existe. Para poder ser conscientes de nuestro estado y de nuestra necesidad de su restauración, necesitamos ser honestos ante Dios y ante nosotros mismos.

> *Las emociones que no se reconocen, no pueden validarse y si no las validas tampoco puedes procesarlas, porque no puedes procesar y curar algo que no existe.*

Aquí inicia el proceso de reconocer nuestro dolor, vivenciar las emociones, ser conscientes de nuestra pérdida y llegar a la fase de valentía para no juzgarnos ni juzgar a otros.

Recuerda que seguimos en la segunda fase, de cruz y sepultura. ¿Sabes qué hace evidente la tumba? Lo corruptible y lo incorruptible, en ese periodo de silencio, soledad, oscuridad. Donde o hay amigos que te comprendan, Padres que te consuelen o palabras que alivien la tristeza y el dolor. Es allí donde solo necesitas estar, adentro del Padre, quien te pregunta: ¿Quién eres? ¿Qué creías ser?

Recordemos los aspectos de la resiliencia. En el área de la lingüística o palabras y creencias limitantes se encuentran los juicios, es decir los conceptos y opiniones que decimos sobre otros, positivos o negativos. Los juicios siempre tienen que ver con una condena pendiente, con una deuda, con una falta y obra que deben saldar.

Los juicios dejan atadas nuestras emociones al acontecimiento vivido. No nos permiten avanzar. Lo que no se resuelve se acumula.

> Los juicios dejan atadas nuestras emociones al acontecimiento vivido. No nos permiten avanzar.

«La vida nos enseña a sobreponernos, pero no a resolver». Necesitamos resolver y ser libres.

Creo que solo el perdón resuelve en verdad. La fase resolutiva de los procesos de pérdida está en la aceptación, pero una aceptación que incluye esperanza, no una resignación en desesperanza y amargura.

«No juzguen a nadie, para que nadie los juzgue a ustedes. Porque tal como juzguen se les juzgará, y con la medida que midan a otros, se les medirá a ustedes». (Mateo 7.1–2)

«No juzguen, y no se les juzgará. No condenen, y no se les condenará. Perdonen, y se les perdonará». (Lucas 6.37)

Para poder perdonar y dejar de juzgar necesito la empatía de Dios, es decir la consciencia y revelación espiritual y emocional de Dios mismo que con Su amor y misericordia me ha salvado y reconectado con Él para darme vida eterna y en abundancia; también necesito mi empatía, es decir llegar a comprender que si yo hubiera sido tú, hubiera hecho lo mismo. Hubiese tenido tu misma historia, tu misma carga genética, tu mismo nivel de consciencia espiritual y revelación de Dios, tus mismas heridas y carencias y, por lo tanto, hubiese actuado igual de mal, haciendo daño a otros y a mí.

Pedimos perdón y perdonamos porque hicimos y nos hicieron el daño vivido, porque finalmente no pudimos y no pudieron hacerlo de mejor manera. Esto no quiere decir que no supieran hacerlo mejor, simplemente quedamos o quedaron atrapados en la bajeza de la naturaleza de nuestra humanidad.

«No tomen venganza, hermanos míos, sino dejen el castigo en las manos de Dios, porque está escrito: "Mía es la venganza; yo pagaré", dice el Señor». (Romanos 12.19)

Si, tú eres a quien le robaron: dignidad, honor, amor, tiempo, vida, salud, dinero, respeto, sueños, ideas, proyectos, negocios, personas, etc. ¿A quién deberían pagarle? Por años yo comprendí este texto haciendo énfasis en la venganza de Dios. Pero la interpretación del texto que me hizo libre fue: si tú dejas la justicia en mis manos y te quitas del banquillo de juez, entonces yo saldaré las cuentas y te pagaré lo que te robaron. Mi amada, hay pérdidas irreemplazables, jamás tu ofensor podrá pagarlas. Ya no. Pero tu Padre que te ama quiere actuar a tu favor. Si y solo si dejamos de juzgar. Si juzgamos ya hemos tomado la venganza en nuestras manos, pero si dejamos todo en Sus manos, te puedo asegurar que su «paga» es milagrosa y eterna.

> *Pedimos perdón y perdonamos porque hicimos y nos hicieron el daño vivido, porque finalmente no pudimos y no pudieron hacerlo de mejor manera.*

«¿Qué Dios hay como tú,
    que perdone la maldad
    y pase por alto el delito
        del remanente de su pueblo?
No siempre estarás airado,
    porque tu mayor placer es amar». (Miqueas 7.18)

Su mayor placer es amar, no vengarse, no castigar. Dejemos de pedirle a Dios que su placer sea otra cosa, Él ama incomprensiblemente y si lo dejamos, lo hará con cada una de nosotras y de los nuestros. Perdonar y dejar de juzgar es resultado del extravagante amor de Dios fluyendo en nuestras vidas, primero hacia y para nosotras, y luego como resultado fluirá hacia otros.

2. «Te aseguro que hoy estarás conmigo en el paraíso». (Lucas 23.43)

Este ladrón muy posiblemente había desperdiciado su vida o en su última etapa de vida había tomado malas decisiones, no lo sabes a ciencia cierta, pero lo cierto es que está aquí a la par de Jesús siendo condenado a muerte.

Este relato es un poderoso fundamento para comprender la salvación por gracia. No hay alguien tan malvado que Su gracia no pueda alcanzar. Su irresistible gracia. Este hombre se arrepintió en su último momento, y le reconoce, y confiesa que Jesús es el Rey de los judíos. La respuesta de Jesús es la promesa de que cuando esté en la presencia plena de Dios (el paraíso), aquel ladrón le acompañaría. Comprender esta verdad nos desarma, no podemos negar que quisiéramos justicia cuando somos dañados. Lo cierto es que queremos toda la justicia cuando nos fallan, pero toda la gracia cuando fallamos.

Estando en mi tiempo de «reposo», de sepultura, yo le dije a Dios: «¡Padre, no es justo!». Y Él me contestó: «No, no lo es. ¿Quieres justicia o gracia? Si quieres justicia, debo aplicarla a todos, y si quieres gracia, debo aplicarla a todos. ¿Qué deseas?». La respuesta solo fue llanto. Y esas lágrimas mezcladas con arrepentimiento, gratitud, dolor, enojo, frustración, poco a poco fueron cambiando, me vi allí como el ladrón, recibiendo gracia y misericordia.

Sus palabras taladraban mi corazón, el perdón lavaba mi alma, la purificaba.

«Dios me llevó en un proceso descendente y trascendente, desde llorar en contra de ellos hasta llorar a favor de ellos».

3. «Mujer, ahí tienes a tu hijo […] Ahí tienes a tu madre». (Juan 19.26-27)

Esta frase está cargada de significado, la humanidad de Jesús y su amor de hijo en todo su esplendor. Cuán particularmente especial es Jesús para revelarse a la madre soltera, o sola, o viuda. María ya había enviudado de José, se desconocen las fechas exactas, pero lo cierto es que Jesús en verdad tomó con honor el papel de hijo y es evidente su amor por ella y ocupación en esta frase.

Quiero hacer énfasis para ti, madre, que estás sin el apoyo de un esposo, luchando y esforzándote por dar lo mejor para tus hijos. María, la madre de Jesús, fue una mujer que enviudó joven y, sin duda, tuvo estos desafíos, es hermoso que podamos identificarnos con ella aun en estos aspectos. Jesús sabe bien tu valor e importancia. Es claro en el texto que Jesús estaba preocupado por el bienestar de su madre y quería asegurarse de que alguien especial se encargaría de ella. Y se la encarga al discípulo amado, que ese mismo día la llevaría con él. Sin duda, Jesús había cumplido esa labor con su madre, quien aún era joven, si tomas en cuenta que María había quedado encinta entre los doce y quince años y Jesús tenía treinta y tres años, probablemente ella tendría entre cuarenta y cinco y cincuenta años de edad. Lo cierto es que a Jesús le importa tu maternidad mientras estás sufriendo.

Recibí una paz profunda respecto a mis labores de madre y mujer. Supe que Jesús estaba enviando gente especial a mi lado para acompañarme en el proceso. Mi corazón tomó consciencia de esa presencia maravillosa de mi Padre y mis hermanos al cuidado de mí y mis hijos.

4. «Eloi, eloi, ¿lama *sabactani*? (que significa "Dios mío, Dios mío ¿Por qué me has desamparado?"». (Marcos 15.34)

Esta frase procede de Salmos 22.1, Jesús cita el salmo para expresar su agonía de separación del Padre. Cabe mencionar que esta frase fue pronunciada por Jesús después de que la tierra quedó en oscuridad (Marcos 15.33):

«Desde el mediodía y hasta la media tarde quedó toda la tierra en oscuridad».

No hay oscuridad más grande que la separación de Dios. Esa es la verdadera muerte. La oscuridad tiene un contenido altamente simbólico relacionado con el juicio divino. La crucifixión era una hora terrible de maldad y oscuridad.

En una conversación con mis amados amigos y terapeutas, Holman y Adriana Castro, pude comprender la aplicación de esta frase en mi proceso personal. En muchas ocasiones, aunque con fines correctos, se nos ha enseñado que a Dios no se le pregunta por qué, sino para qué, haciendo referencia a que no tenemos autorización para cuestionar a Dios. Sin embargo, mira lo particularmente profundo que ancla esta frase en nuestros procesos de duelo. Dios Padre sabe cuándo un hijo le reclama o simplemente está expresando sus más honestos sentimientos y sensaciones. Dios Padre sabe cuándo el corazón de su hija quiere hacer su voluntad, pero está partido en mil pedazos y necesita encontrarle sentido a la vida que se le ha roto.

Jesús cita el salmo, le dice Dios, porque su humanidad estaba cargando el peso del pecado, Él se había hecho pecado y la separación de su Padre era inminente, recordemos que Jesús era cien porciento hombre y cien porciento Dios, pero allí en ese preciso momento su humanidad está destruida y se siente abandonado, desamparado, separado y cuestiona: ¿por qué me has desamparado? ¡Qué dolor tan profundo! Jesús sabía que eso debía pasar. Pero mira cómo se identifica con nuestra humanidad, porque en estos momentos de abandono el dolor y la tristeza son tales que la razón no reacciona. El saber las promesas de Dios no te quita el dolor. Dios sabe que lo tienes que pasar. Dios mismo está validando tus emociones e invitándote a cuestionar delante de Él aunque te separe el dolor; Él sigue a cargo si a pesar de tu corazón roto, dices: no mi voluntad, sino la tuya.

5.   «Tengo sed». (Juan 19.28)

Este grito revela el sufrimiento y la impotencia que Jesús experimentó. El texto nos deja claro que lo dijo para que la Escritura se cumpliera.

«En mi comida pusieron hiel; para calmar mi sed me dieron vinagre». (Salmos 69.21)

Esta frase me hace meditar en nuestras necesidades físicas, Jesús sabía que ya todo había terminado y estaba cumpliendo exactamente la voluntad del Padre. Nosotros, seres imperfectos llenos de pecado y en el proceso de ser más parecidos a Jesús, necesitamos reconocer que nuestra sed solo puede ser saciada cumpliendo su voluntad, y solo Él podrá ser el agua viva de la cual bebamos. Comprendí que si buscaba saciar mi sed en seres humanos, en trabajo, ocupación, ministerio me darían vinagre para calmarla, pero si me enfocaba en cumplir la Escritura, entonces Sus planes se cumplirían aunque estos estaban implicando cruz y sepultura.

6.   «Consumado es». (Juan 19.30, RVR1960)

¡Su redención se llevó a cabo de una vez y para siempre! Descansamos en la obra redentora perfecta y única de Cristo. Todo está hecho en Él, solo necesitamos seguir muriendo a la vieja naturaleza y resucitando en la nueva de Cristo. No hay nada que podamos añadir a la gracia manifiesta en la cruz.

7.   «¡Padre, en tus manos encomiendo mi espíritu!». (Lucas 23.46)

Esta fue la frase final, después de decirla expiró. No conocemos exactamente la causa fisiológica de la muerte de Jesús, pero el relato en los evangelios deja claro que Jesús estaba controlando la

situación ya que Él «entregó» el espíritu (Mateo 27.50, Juan 19.30).
Existe un vínculo entre la vida y la voluntad.

Jesús había cumplido su comisión, era momento de regresar a
Su Padre y entregar su espíritu. En ese momento el velo del templo
se rasgó, hubo un gran terremoto y rocas se partieron. Eran claras
advertencias del juicio y daban fe del veredicto de Dios para con
Israel. ¡Qué gloriosa obra de redención! El único y perfecto sacrificio para que podamos entrar confiadamente ante el trono de la
Gracia.

> «Así que, hermanos, mediante la sangre de Jesús, tene-
> mos plena libertad para entrar en el Lugar Santísimo, por
> el camino nuevo y vivo que él nos ha abierto a través de la
> cortina, es decir, a través de su cuerpo». (Hebreos 10.19-20)

Mientras intentemos acercarnos a Él mediante «nuestros sacri-
ficios» y no mediante el sacrificio de Jesús, estamos tratando de ser
salvos por nuestras obras y tratando de darle resucitación artificial
a nuestra voluntad. Dios habló a mi corazón diciéndome: «Yo no
resucito medios vivos, resucito muertos. Mientras trates de rescatar
esto con tus fuerzas y no me lo entregues todo, no podrás ver mi
resurrección en ti y en todos y en todo». Estaba claro, debía entregar todo a Él.

Las siete frases de Jesús en la cruz están cargadas de dirección
e indicaciones para poder procesar nuestras emociones, circunstancias, pecados, errores, aciertos y desaciertos. Son frases que incluyen una progresión de entrega y verdadera resolución del dolor y
el sufrimiento. Si quieres continuar hacia la resurrección, el avance
y el progreso, te invito a revisar en intimidad si has entregado todo
tu ser al Padre, o aún sigues intentando resucitar artificialmente tu
corazón, matrimonio, empresa, sueño, proyecto, finanzas, ministerio,
relación, etc. Hasta que no entregamos y morimos, no podemos
pasar a la siguiente fase: resurrección.

Capítulo 10

V.A.L.I.E.N.T.E.S.

──────── Diario de una arquera valiente ────────

L as últimas clases están siendo tediosas, es pura práctica. Mi configuración quiere avanzar más rápido y Yessi no me permite probar nuevas cosas hasta que pula mi técnica. Al principio creí que era una forma de mantenerme más tiempo en la misma etapa, pero luego me di cuenta de que este es un deporte de práctica, resistencia, estilo, identidad y, sobre todo, lo que se gana se puede perder por falta de práctica. De nuevo mi anclaje empezó a fallar, me empezó a ganar la ansiedad de tirar antes de tiempo. Es impresionante lo necesarios que son el ritmo y el tiempo en los tiros, no te puedes descuidar. Debes guardar el equilibrio entre relajarte sin perder la postura y la técnica adquirida. Estoy repitiéndome que el movimiento de soltar la cuerda no consiste solo en soltar los dedos, sino en relajar la mano, debe ser fluido. Estoy perdiendo ritmo y soltando antes de tiempo, por lo tanto, el tiro pierde fuerza y dirección. Yessi se acercó y me dijo:

—Kristy, respira y practica, repítelo y vuelve a tomar ritmo.

Esto me hizo meditar en lo vital que será para mí mantener mis disciplinas y rutinas, mi ritmo de vida y la fluidez y cadencia en mis actividades. Es de valientes mantener disciplinas bien establecidas y mantener planes y metas. Esto me mantendrá alerta.

V.A.L.I.E.N.T.E.S.

El proceso no es sencillo, para mí fue muy profundo, de intensa reflexión acompañada de emociones que eran justamente subidas y bajadas, valles y montañas. La dinámica de nuestras emociones es fuerte y dolorosa en muchos casos; justamente en esta fase de cruz y sepultura, Dios y la Biblia me hicieron comprender y vivir la frase que al principio del proceso no comprendía bien: «Sé valiente para no juzgar a otros», eso requeriría valentía pura. Tengo por costumbre llevar una bitácora de mis procesos y emociones, un diario reflexivo que me ayuda y facilita en la resolución y cierre de ciclos; además de ser una herramienta terapéutica, es muy útil para mí y para otros. De aquí salió el acróstico **V.A.L.I.E.N.T.E.S.**, un paso a paso de lo que viví y me ayudó a salir de la fase de proceso hacia el progreso y crecimiento, para luego progresar y avanzar. Sigue conmigo letra por letra, frase por frase, paso a paso y proceso por proceso. Es mi oración que pueda serte de ayuda, y cada herramienta te inspire a seguir adelante. Ser valientes no es un asunto de la casualidad, es un proceso intencional y constante. Es tomar una serie de pequeñas decisiones, es una consecución de pequeños cambios que repercuten en grandes avances. Te hablaré desde mis noches de llanto hasta mis días soleados, desde mi angustia hasta mis comidas diarias, desde la oración hasta el periodo menstrual; somos todo eso, somos mujeres vulnerablemente valientes. Así que sigue conmigo este proceso, de verdad está escrito con lágrimas y sudor. No ha sido fácil, pero ha sido posible.

Posterior a una crisis emocional conectada a relaciones, finanzas, puestos, pérdidas, cambios, salud o fe necesitamos reconocer nuestras emociones para poder manejarlas. Nadie se sube a un auto para manejarlo si primero no ha reconocido qué es un auto, para qué sirve y cómo se usa.

Entonces de aquí parte mi trabajo diario durante el proceso. Cabe mencionar que sería óptimo que recibieras acompañamiento de un profesional o consejero espiritual, o familia, o amiga de confianza.

• Valida tus emociones

Reconocer mis sentimientos, emociones y sensaciones para luego validarlas y ser consciente de ellas. No podemos procesar una emoción que no ha sido reconocida y validada, porque no se puede procesar algo que no existe. Validar incluye un acto de respeto a ti misma y a otros.

«Reconoce, valida y procesa tus emociones».

Un paso valiente: Escribe en tu cuaderno «bitácora de una valiente». Lo que sentiste en el suceso adverso, cómo te hizo verte a ti misma, cómo te sigues sintiendo aún ahora y lo que deseas hacer debido a ello. Toma un tiempo para hablar contigo; del listado de emociones que apuntaste en tu cuaderno puedes iniciar escogiendo una de esas emociones y validarla. Por ejemplo, Kristy, te sentiste engañada y tenías por qué sentirte como un objeto sin valor. Es válido cómo te sentiste y lo que pensaste de ti.

> «*Reconoce, valida y procesa tus emociones*».

Ten claro que este es un proceso, no un final, es decir que tengas razón de cómo te sentiste no quiere decir que esto sea verdad, casi siempre las emociones y los mensajes que nos dictan son reales pero no verdaderos. Yo pude haberme sentido como basura, pero obviamente no es la verdad.

• Abraza y suelta

Abrazar y soltar serán clave en esta fase. Mientras reconoces y validas tus emociones estás siendo consciente de lo que debes soltar. En esta fase debes dejar fluir tus emociones, para ir soltando al punto que abrazarás tu historia y te reconciliarás con ella, porque es real, existe, y deberás aprender a vivir con ella, pero no a través de ella.

Un paso valiente: Llora, dibuja, pinta, forma, construye. Haz lo que deseas hacer con esa energía emocional que está surgiendo de ese momento. Te sugiero utilizar materiales que puedas manejar con tus manos: arcilla, modelina, papel, algún peluche, agua, madera. Todo material con el que puedas expresarte. Es importante comprender que hay un tiempo para todo. Te sugiero leer y meditar en Eclesiastés 3.1-15 antes de iniciar tu proceso de descarga emocional.

> *En esta fase debes dejar fluir tus emociones, para ir soltando al punto que abrazarás tu historia y te reconciliarás con ella.*

Respira fe, toma un tiempo para respirar profundo, permite que tu llanto aflore y no lo detengas hasta que empiece a bajar su intensidad o a subir, lo importante es que no detengas el proceso de descarga emocional hasta convertirse en quietud y puedas empezar a respirar. Inhala y exhala profundamente hasta que tu ritmo cardiaco se equilibre. Entonces empezarás a abrazarte, y sentir compasión, amor y fortaleza para ti misma.

• Libera al ofensor

Al liberar al ofensor, te liberas a ti misma y estás lista para manejar tus emociones, pensamientos e ideas. No existen emociones malas o buenas, lo que se convierte en malo o bueno es aquello que decidimos hacer con nuestras emociones. Las decisiones que tomamos a partir de ellas pueden ser útiles o perjudiciales, de acuerdo a cómo se gestionen o manejen. Un manejo perjudicial nos lleva a pecar, o un manejo adecuado, a agradar a Dios, de acuerdo con lo que hagamos con ellas. Para un claro ejemplo del correcto manejo de las emociones veamos a Jesús en el templo, recordemos que Jesús no pecó, esto quiere decir que ese celo por la casa de Su Padre, no lo llevó a pecar, pero sí a reaccionar con coherencia a la situación y descargó su emoción contra objetos inanimados, no contra personas, esto nos da un claro ejemplo de que manejar nuestras emociones correctamente también nos permite descargar esa emoción en materiales que no lastimen a otros. Por ejemplo, mis hijos saben que pueden descargar su enojo y frustración en modelina, arcilla, dibujos, apretando un osito de peluche, etc. Sus mentes se aclaran y no se permiten dañar a su hermano de manera que les cause más dolor y heridas.

> *Al liberar al ofensor, te liberas a ti misma y estás lista para manejar tus emociones, pensamientos e ideas.*

«Entonces, haciendo un látigo de cuerdas, echó a todos del templo, juntamente con sus ovejas y sus bueyes; regó por el suelo las monedas de los que cambiaban dinero y derribó sus mesas». (Juan 2.15)

En esta fase necesitamos profundizar en el tema del perdón y los juicios.

Un paso valiente: Sé valiente para soltar al ofensor, sé valiente para abrazar tu historia. Abrazarla es reconciliarte con ella y no avergonzarte por tu pasado, sino verlo con amor y misericordia reconociendo que Dios mismo está reinterpretando tu historia a través del perdón que otorgas y te otorgas a ti misma.

――――――――― **«Sé valiente para no juzgar a otros»** ―――――――――

Un paso valiente: Ejercitar tu mente y corazón para no juzgar es algo que requiere mucha valentía, porque juzgar es un acto mental que incluye el estado del corazón humano. Nuestro entendimiento y razón afirmará lo que a partir de ese suceso adverso definamos de las personas o de nosotros mismos. Juzgar es utilizar nuestras palabras, nuestra lingüística para que nos limite a nosotros y a otros. Estamos bloqueando nuestra propia sanidad al condenar con juicios, y estamos poniendo una estaca en nuestras ruedas que nos impide avanzar, un bloqueo que impide cerrar la puerta del pasado. Estamos trayendo la emoción pasada al presente y lanzándola al futuro. Los juicios son ruidos interiores que atormentan tu alma, son esas conversaciones internas que no te permitirán oír a Dios, no te permitirán la armonía, ni la melodía y mucho menos el ritmo. Es ruido, es basura y cansancio. Mientras tratamos de aislarnos en esos procesos dolorosos, el problema no está en el ruido externo, sino en el interno, y por eso es tan importante no pretender huir, sino ante su presencia dejar que el silencio nos calme y nos sane.

Hay algo sumamente interesante respecto a los juicios y cómo funciona nuestro cerebro en relación con ellos.

Cada vez que recordamos un evento traumático y lo fortalecemos a través de los conceptos que hemos desarrollado, iniciamos esa conversación interna llena de juicios, nuestro cerebro inicia un proceso de pensamiento y de codificación de las señales electroquímicas para traducir dichos estímulos, la información se asocia a la experiencia vivida y de nuevo nuestro sistema nervioso central activa el sistema parasimpático que se pone en estado alerta, lo cual hace que nuestras glándulas suprarrenales segreguen más cortisol como respuesta al estado de estrés, y ello nos mantiene en un estado nervioso muy susceptible, generándonos un estado de salud en deterioro. El doctor Amando Garrido Pertierra, en su investigación de bioquímica metabólica, hace mención del poder del encuentro entre seres humanos; en una investigación sobre estos procesos químicos asociados a las emociones, señala que las personas al entrar en contacto sin generar juicios, sino siendo acogidas y aceptadas segregan una hormona llamada betaendorfina que se encarga de reducir el dolor y regularlo, además dichos encuentros segregan grandes cantidades de oxitocina, la llamada hormona de la felicidad.

Elizabeth Helen Blackburn es una bioquímica australiana, Premio Nobel de Medicina en 2009, quien descubrió la telomerasa, una enzima que forma los telómeros durante la duplicación del ADN. La enzima telomerasa es la que pauta la vida de las células: cuanto menor sea la segregación de la telomerasa, más cortos serán los telómeros hasta llegar a un momento en que la división celular sea imposible y la células terminen muriendo, por lo tanto esto representa envejecimiento y menor tiempo de vida. Dicho por Elizabeth así: «Son como el remate del cordón de un zapato, que lo protege de deshilacharse», explica Blackburn. «Cuando se desgastan del todo, es hora de morirse».

También agregó lo siguiente: «La falta de confianza en los vecinos, el abuso y abandono emocional, la violencia, el acoso y el racismo impactan a largo plazo sobre estas secuencias de ADN».[1]

Hubo un estudio muy profundo en Filadelfia con niños y mujeres que habían estado expuestos durante años a situaciones abusivas. Los investigadores descubrieron que el acortamiento de los telómeros continuó más de un año después de haber superado esas situaciones. Se puede decir que estas vivencias abusivas, además del trauma psicológico que suponen, cuestan mucho dinero a largo plazo, porque las víctimas entran en su «época de enfermedad» antes de lo normal.[2]

Ella responde en dicha entrevista lo siguiente: «Hay un trabajo realmente interesante que sostiene que doce minutos de meditación diaria en gente con estrés crónico ayudan a mantener los telómeros».

Mientras hacía la investigación sobre esto, afirmaba una y otra vez la necesidad de que Jesús transformara nuestro corazón y mente de tal manera que nuestra interpretación de los sucesos de la vida y la realidad fueran codificados por una perspectiva eterna y no temporal. Todas las disciplinas espirituales que la Biblia nos enseña tienen la capacidad de darnos el mejor sistema de bienestar humano. Por lo tanto, el amor de Dios Padre, el arrepentimiento, el perdón, la gracia, la misericordia, la esperanza y la fe son por excelencia el sistema de sanidad, transformación y redención de esta nuestra humanidad herida.

> *Todas las disciplinas espirituales que la Biblia nos enseña tienen la capacidad de darnos el mejor sistema de bienestar humano.*

La bioquímica encuentra el hallazgo científico de la largura de días que hallamos en el mandamiento de «honrar a padre y madre»; yo lo traduzco como el resultado de vivir en perdón de todo daño recibido y de hacernos cargo de sanar nuestro corazón constantemente.

«No juzguen a nadie, para que nadie los juzgue a ustedes. Porque tal como juzguen se les juzgará, y con la medida que midan a otros, se les medirá a ustedes». (Mateo 7.1-2)

«No juzguen, y no se les juzgará. No condenen, y no se les condenará. Perdonen, y se les perdonará». (Lucas 6.37)

Un paso valiente: No permitas que las emociones se perpetúen en forma de juicio. Para ello necesitamos dirigirlas. Experimenta la emoción, descárgala como lo mencioné anteriormente, pero no te permitas convertirte en juez. El lugar seguro para experimentarlas y descargarlas es delante de Dios y también delante de profesionales de la salud emocional y mental, pastores, consejeros, terapeutas, psicólogos o coaches. Los amigos son muy importantes y te ayudan a descargar, pero de acuerdo con tu situación específica hay gran bendición en el trabajo interdisciplinario e integrativo de profesionales que ayudan a la persona a reencontrarse y reorientar su vida.

• Invierte tiempo

Invertir tiempo para ordenar todo en nuestra vida requiere paciencia. La espera trata con nuestra concepción de la variable «tiempo». Esta variable en la ecuación de la vida es la causa de nuestra depresión, ansiedad o estrés; hay un dicho que he escuchado muchas veces que dice: «La depresión es exceso de pasado; el estrés, exceso de presente; y la ansiedad, exceso de futuro». Hace sentido ¿verdad? Necesitamos transformar nuestra perspectiva sobre la variable tiempo para abrazar la variable eternidad.

«Cuando comprendemos que somos eternos por fin se acaban las prisas».

Las heridas no se sanan solas, requieren purificación, limpieza, y una vez realizado el proceso de desinfección entonces debe hacerse uso del factor tiempo para que cicatricen y sanen completamente. En este proceso se requieren decisiones en fases diferentes y un cuidado consciente de la persona herida y de la red de apoyo. Llámense familia, amigos, profesionales, etc.

> *La espera trata con nuestra concepción de la variable «tiempo».*

Ordenar te permite bajar los niveles de ansiedad durante el tiempo de espera para experimentar la sanidad completa; ordenar te permite tener compasión de ti misma. Las estructuras o planes te permiten generar ritmos, y estos te proveen de un recordatorio constante para despertar a tu nuevo proceso de aprendizaje.

Un buen ejemplo es la música, si carece de melodía, armonía y ritmo, no es música. La música es universal y nos brinda un acompañamiento maravilloso para fluir de mejor manera. Nosotros tenemos música adentro, llevamos el ritmo en nuestro corazón; debemos tener armonía en nuestros sistemas, tanto nervioso, circulatorio, digestivo, respiratorio, excretor, etc., y la melodía son las diferentes combinaciones de las notas de nuestro cerebro en armonía y ritmo. Las emociones son eso mismo, melodía o ruido. Por eso se hace tan importante aprender a ordenarlas y dirigirlas hacia un proceso armónico e integrado que restablezca al ser en plenitud. De hecho, resulta poderosamente sanador comprender la perspectiva divina de esto, porque esa fase no restablece a la persona anterior sino a una mejor, una que puede reconocer lo que quiere y no quiere repetir en el nuevo comienzo.

Me inspira mucho la perspectiva respecto al tiempo que C. S. Lewis presenta en su libro *Mero Cristianismo*:

> Dios no está apresurado a lo largo de esta corriente de tiempo que es el universo del mismo modo que un autor no es apresurado a lo largo del tiempo imaginario de su propia novela. Tiene una atención infinita para prodigar entre todos nosotros. No trata con nosotros en masa. Cuando Cristo murió, murió por ti individualmente como si hubieras sido el único ser en el mundo. Su vida como Dios va más allá de todo tiempo y espacio.[3]

Dicho de otro modo, Dios mismo es el tiempo, Él es el espacio donde el tiempo transcurre. Por eso Él se revela como el «Gran Yo soy», Él es, Él fue y Él será. Su espacio es infinito, no está preocupado por nuestro tiempo, está ocupado en Su obra durante este tiempo para una eternidad infinita. Necesitamos aprender a ver a Dios como

quien sustenta, redime y multiplica nuestro tiempo. Nos preocupa-
mos mucho por perder el tiempo, y ciertamente la Biblia nos exhorta
a aprovecharlo al máximo, porque los días son malos. Pero aprove-
char es verlo desde la perspectiva de eternidad y entender Su voluntad, y no desde la angustia de nuestra incapacidad.

> «Así que tengan cuidado de su manera de vivir. No vivan
> como necios, sino como sabios, aprovechando al máximo
> cada momento oportuno, porque los días son malos. Por
> tanto, no sean insensatos, sino entiendan cuál es la volun-
> tad del Señor». (Efesios 5.15-17)

Así que el tiempo que inviertas en ordenar tu vida y tus decisiones, no debe ser un tiempo dirigido por la ansiedad, sino uno dirigido por el entendimiento de Su voluntad para nosotros. Cuando
la tengas clara, mete el acelerador con valentía porque Él multiplica
y restituye el tiempo que se haya perdido en el espacio de nuestra
vida en la tierra.

Un paso valiente: Haz un plan valiente. Estructura tu horario y
desarrolla un plan de acción.

Haz un genograma familiar, no necesitas hacerlo de manera tan detallada o
complicada, puedes solo hacer una lista
o árbol genealógico que te permita ver en
una hoja de papel los nombres de aquellos
que necesitas honrar y respetar, y decide
honrar las generaciones anteriores y orar
por la posterioridad. No podemos vivir
vidas ordenadas si no decidimos honrar
padre y madre. Cuando vives huyendo de

> *Dicho de otro*
> *modo, Dios*
> *mismo es el*
> *tiempo, Él es*
> *el espacio*
> *donde el tiempo*
> *transcurre.*

tu pasado, solo lo perpetúas. Sé que para muchas nuestro pasado
familiar puede ser doloroso y complicado, pero hay dos leyes espirituales que cierran las brechas generacionales donde ha habido
ruptura: una es la honra y otra es la gratitud.

El ejercicio de hacer un genograma familiar es un acto de honra y de gratitud. Entregar a Dios el pasado, el presente y el futuro familiar. Nadie en un sistema familiar puede ser excluido, aunque la persona lo desee o lo persiga; nosotras como mujeres en proceso de libertad y sanidad debemos honrar la memoria y agradecer a Dios. No es necesario que esté la persona, muchas veces es imposible. Lo importante es que el proceso de sanidad, perdón, no juicio, te lleve a orar con gratitud por esas personas de la familia que son importantes y constituyen el instrumento de Dios que nos ha traído hasta este día. Honrar y agradecer a nuestros antecesores familiares trae equilibrio y orden espiritual, emocional y aun físico. Es fluir en la voluntad de Dios. Y eso sana.

• Entrena tu mente

El poder de la reinterpretación de la historia: Recuerdo a Jorge, un caballero que atendí en consejería. Me contó que no podía ver a Dios como Padre, y cada vez que lo intentaba, regresaba a su memoria una escena que lo llenaba de tristeza y temor. Te la contaré de la siguiente manera.

«Mantendré puestos mis patines»: Jorge era un niño encantador, lleno de vida y juguetón. Todas las tardes salía a jugar con sus amigos del barrio. Todos disfrutaban jugar con él, en especial, porque Jorge siempre tenía los juguetes de moda. Cuando los patines hicieron su aparición, él corrió a pedírselos a su padre. Esta vez su padre no podía comprárselos tan rápidamente, así que tardó y tardó, tanto que la fiebre de los patines pronto desapareció y Jorge dejó de salir a jugar con sus amigos del barrio con tanta emoción como era costumbre debido a que todos tenían patines menos él. Una tarde, finalmente, el padre de Jorge llevó los tan esperados patines, sin embargo, para Jorge ya no significaron nada, es más, le produjeron frustración y tristeza. Él necesitaba tiempo para atreverse a disfrutar los patines solo porque ya sus amigos no los usaban más. Tímidamente se los puso una que otra vez, pero prefirió darse su tiempo y tratar de dejar de sentir frustración porque no podía disfrutarlos.

Cuando finalmente se recuperó del desgano, los patines ya no estaban; el padre de Jorge había decidido llevárselos a otro niño. Sin decirle nada, solamente se los quitó. Jorge nunca imaginó semejante situación, con tan solo siete años sintió que su corazón se desgarraba, pero decidió no llorar. Decidió que así era la vida. Y trasladó ese sentimiento infringido por su padre a Dios, quien se supone también era padre. Ahora tenía frente a mi a un hombre de cuarenta y cinco años llorando como ese niño de siete años, casi no podía contener el llanto, mientras me decía con palabras entrecortadas: «Dios es así conmigo, le pido y le pido y parece no oírme, no me da lo que tanto le ruego y cuando al fin me lo da, me lo quita y se lo da a alguien más sin tan siquiera avisarme. Las llamadas bendiciones nunca llegan, y si algo llega ya no puedo disfrutarlo, porque de igual manera me lo quitarán para darlo a alguien más amado que yo».

Mi corazón se conmovía al ver a este caballero, lleno de temores, intentando vivir, pero no podía confiar en nadie aunque quisiera, y sentía que todo le salía mal. Temeroso de amar, de desear algo bueno, porque de igual manera no le sucedería.

Trabajamos el mismo proceso que te describí, y en esta fase de reinterpretar la historia invitamos al Espíritu Santo para que cambiara esa imagen a la que él se había rendido y que estaba gobernando sus pensamientos, ideas, creencias y conducta. La presencia de Dios le inundó, las memorias fueron desprendiéndose por medio del perdón y el cambio de juicios proferidos a liberación a través de otorgar perdón.

Tomó un tiempo para respirar y meditar. Después de varios minutos le invité a pedirle al Espíritu Santo que reinterpretara esa imagen, esa escena y memoria y se la narrara de nuevo. Le dije: «Cuando estés listo cuéntame lo que ves».

Jorge inició diciendo: veo a mi Padre Celestial teniendo control de mí y mi papá. Veo que la verdad detrás de ese recuerdo es que

Dios me dice que, aunque tarde, tiene cuidado de mis deseos y mi anhelo de tener patines. No importa si no es en mi tiempo, cuando llegue lo que he estado pidiendo lo disfrutaré, me lo pondré y nadie podrá quitarme lo que es mío, mientras lo tenga puesto, el enemigo no me lo quitará. Dios me lo dio y disfrutaré mis patines y amaré el momento en el que cada bendición llegue. No volveré a dejar que me quiten lo que es mío.

El poder de la reinterpretación es milagroso. Yo puedo contarte que este proceso transformó mi vida. Cerrar los ojos y dejar que su Espíritu vuelva a narrarte la historia en lugar de que sea tu mente, bombardeada de dardos del maligno, es realmente poderoso. No se trata de mentirte y negar los hechos vividos y reales, en realidad verás con los ojos de la esperanza tu historia, la abrazarás y Dios te narrará lo que desde la perspectiva eterna Él está diciendo. Tus creencias cambiarán, descubrirás las mentiras que has creído y oirás sus verdades. Tu corazón seguirá sanando.

Somos seres trinos, espíritu, alma y cuerpo. Debemos integrar todas las áreas si queremos experimentar sanidad y prosperidad, así como prospera nuestra alma. Esto requiere de prácticas que reentrenan y reprograman tu mente, cuerpo y corazón. El inicio de esa reprogramación es el principio bíblico de Filipenses 4.8.

«Por último, hermanos, consideren bien todo lo verdadero, todo lo respetable, todo lo justo, todo lo puro, todo lo amable, todo lo digno de admiración, en fin, todo lo que sea excelente o merezca elogio».

Un paso valiente: Considerar; pensar; meditar; reflexionar en lo verdadero, respetable, justo, puro, amable, digno de admiración, excelente y que merezca elogio sin duda alguna ejercitará el músculo de la atención y te fortalecerá en aprender a vivir en el presente con una consciencia clara del futuro en Él, viviendo cada día su propio afán. Al inicio del proceso te darás cuenta de que ejercitarte en la reinterpretación no es tan sencillo, pero a medida que lo integres como una disciplina diaria, te harás cada día más hábil, y día con día será mejor.

• Nutre tu espíritu

Prácticas espirituales, emocionales y físicas: Las prácticas o disciplinas que integramos a nuestro diario vivir son las que determinarán el progreso o retroceso de nuestra vida.

Hay prácticas que sabemos son fuente de salud y estabilidad, sin embargo, como te explicaba en capítulos anteriores, hay información que hemos adquirido pero que aún no hemos integrado y, por lo tanto, no hemos visto sus resultados.

Por otro lado, hay prácticas de las que no somos conscientes que están tomando cada vez más lugar en nuestro diario vivir y han modificado nuestro pensamiento. ¿Cuántas veces en una hora ves tus redes sociales? ¿Cuántas alertas o notificaciones recibimos en una hora? Ya entrenamos nuestra vida a ellas, tanto que si nos dejaran en un lugar desconocido sin teléfono, te aseguro que nos embargaría un sentimiento de inseguridad. Hago mención de esto porque necesitamos revisar nuestras prácticas y, al hacerlo, sin duda alguna, tendríamos una clara proyección de cómo estaremos en cinco años.

> *Somos seres trinos, espíritu, alma y cuerpo. Debemos integrar todas las áreas si queremos experimentar sanidad y prosperidad, así como prospera nuestra alma.*

Te pongo el ejemplo de la alimentación y el ejercicio físico. Toda nuestra perspectiva respecto al tiempo para hacerlo se ve modificada cuando nos dicen que a menos que lo hagamos, moriremos más rápido. De igual manera sucede con nuestro espíritu. Así que te plantearé algunos recordatorios de información que posiblemente ya sabes, pero juntos revisaremos qué tanto las hemos integrado a nuestro sistema de vida. Tal como en el entrenamiento de tiro al blanco es necesario practicar, practicar y practicar para afinar la puntería, para aprender a silenciar los pensamientos y el ruido alrededor necesitas alinear la mente, el cuerpo y el corazón respecto al blanco. Es tan preciado este momento de concentración ya que literalmente escucharás a las flechas cantar; oyes el sonido de las flechas al ser lanzadas y al pegar en el blanco, y así sabes si el tiro estuvo bien. Tienen un sonido particular; cuando afinas tu puntería y sientes el tiro, sin duda podrás oírlo.

Todos los pasos valientes que he compartido contigo fueron y siguen siendo la razón por la cual hoy puedo escribir este libro; haber sido valiente y seguir siéndolo, no ha sido resultado de esfuerzos aislados, sino del conjunto de pasos de obediencia. Hay una riqueza infinita en estas prácticas, y Jesús nos las modeló de manera que podamos ver el resultado de las mismas. Compartiré contigo algunas de ellas.

Hace ya muchos años conocí el libro de Richard J. Foster, *Celebración de la disciplina*, un libro que impactó mi vivencia cristiana y del que tomaré varios de los principios. Luego, en mi carrera como psicóloga educativa, aprendí sobre las actividades integradas, tanto las internas, como las externas y las mixtas que la pedagogía Waldorf y Montessori enseña. Así que decidí integrar estos principios a mis prácticas espirituales. La clave de estos conceptos es que a menos que tengamos equilibrio en las actividades internas, externas y mixtas no podremos disfrutar de los beneficios y el desarrollo integral que estas prácticas proveen. Es decir, no es saludable tener una vida espiritual solo basada en prácticas internas, como no lo sería tenerla en solo prácticas externas, y sin el equilibrio de ambas tampoco podríamos disfrutar de las mixtas. En otras palabras, trabajaremos desde el ser hacia el hacer, desde la esencia interna hacia fuera, y el resultado nos permitirá una interacción comunitaria y social saludable, pero sin desconectarnos de nuestra fuente y fundamento de vida. En otras palabras, sin un corazón valiente lleno de coraje sería muy difícil acertar al blanco. La fuerza interior traducida en práctica, enfoque y técnica nos da el resultado deseado y perseguido. La fe sin obras sería muerta. Las prácticas espirituales internas necesitan una expresión y manifestación externa.

Prácticas internas: Por prácticas internas nos referimos a las actividades que son hacia adentro, no son hechas hacia afuera, sino hacia adentro. Desarrollarlas requerirá un alto nivel de comprensión de nuestras profundidades, y a su vez de la quietud y seguridad que proveen el aprendizaje de internalizar y cuidar nuestro corazón. También podríamos decir que son actividades privadas, es decir «no para ser vistos», sino para el Señor y con beneficio directo para nuestro espíritu.

La meditación: Cuánta profundidad bíblica, espiritual y científica tiene esta práctica. El salmista nos muestra la clave de su gestión emocional en la práctica constante de meditar en Sus estatutos, en Su palabra, en la hermosura de Su Santidad. Anteriormente te compartí la información del rejuvenecimiento asociado a la telomerasa, la enzima que alarga los telómeros y, por lo tanto, propicia la división celular y el crecimiento, es decir alarga la vida. Está comprobado por la ciencia que una mente que sabe meditar e internalizar tiene mayores probabilidades de gestionar correctamente el estrés, que es el causante de la mayor cantidad del desequilibrio en la salud.

> *La fuerza interior traducida en práctica, enfoque y técnica nos da el resultado deseado y perseguido.*

Los Padres de la iglesia también hablaban del *otium sanctun*: «ocio santo». La expresión nos habla del equilibrio de la vida, del descansar para la contemplación de la belleza.

Hans Urs von Balthasar lo dice así en su colección *Gloria*:

«No es belleza en el sentido estético mundano, sino esplendor de la divinidad de Dios como se manifiesta en la vida, muerte y resurrección de Jesús; y, según san Pablo, en los cristianos que contemplan a su Señor».[4]

Por su parte, Thomas Merton señala:

«La verdadera contemplación no es un truco psicológico, sino una gracia teológica».[5]

Nuestro cerebro produce impulsos eléctricos que viajan a través de nuestras neuronas. Estos impulsos producen ritmos que son conocidos como ondas cerebrales. Los impulsos eléctricos son información que viaja de neurona en neurona haciendo uso de cientos de miles de ellas para transportarse y ejecutar una determinada tarea. Existen cuatro tipos principales de ondas: Beta, Alfa, Theta y Delta. Si lo viéramos desde un electroencefalograma observaríamos de nuevo cientos de miles de subidas y bajadas, es decir letras **V** más anchas, más cortas, más delgadas, más largas. En otras palabras, las ondas Beta son las que se producen cuando el cerebro está despierto y en actividad mental; estas ondas son amplias y tienen mayor velocidad de transmisión; cuando estás hablando en público, aprendiendo algo nuevo, resolviendo problemas, tu cerebro está emitiendo este tipo de ondas.

> *«La verdadera contemplación no es un truco psicológico, sino una gracia teológica».*[5]

Las ondas Alfa son las que se producen en estado de relajación o poca actividad. Cuando estás dando un paseo y disfrutando un paisaje. Estas ondas son más lentas y de mayor amplitud que las Beta. Las Theta son de mayor amplitud y menor frecuencia, se dan en un estado de calma profunda, se dice que es el estado de mayor inspiración de ideas y soluciones creativas. Un estado de las tareas diarias se automatiza, es decir cuando estamos haciendo una actividad pero el cerebro está «soñando despierto», recibiendo un mensaje, una inspiración divina. No estás ejecutando tareas con control atencional, y puedes distanciarte de esas tareas y entrar en un estado de calma e inspiración.

Finalmente, las ondas Delta que son de mayor amplitud y menor frecuencia que las anteriores y se generan en el estado de sueño profundo, cuando dormimos. Estas ondas nunca llegan a cero, puesto que eso sería la llamada muerte cerebral. Cuando nos vamos a dormir, las ondas empiezan a pasar de Beta a Alfa a Theta hasta llegar a Delta al estar profundamente dormidos. Todas las ondas están presentes durante todas nuestras actividades, pero una predomina de acuerdo con nuestra actividad. Lo cierto es que iniciar el día pasando de Delta a Theta y dejar que ese estado de ondas Theta nos permita entrar en un momento profundo de conexión, contemplación e inspiración divina puede sin duda alguna cambiar el resto de nuestro día y ,por lo tanto, de nuestra noche.

> *La disciplina de la meditación y la oración predisponen nuestro cerebro para generar un circuito de ondas saludables y que propicien un estado de plenitud.*

La disciplina de la meditación y la oración predisponen nuestro cerebro para generar un circuito de ondas saludables y que propicien un estado de plenitud. Las disciplinas espirituales contienen todos los mecanismos y procesos que la ciencia ha confirmado como necesarios para la estabilidad y el cuidado del ser. Sería tan fácil si tan solo creyéramos, conociéramos y obedeciéramos. Sin embargo, amo el aspecto de la ciencia que a medida avanza confirma y reafirma las verdades eternas del evangelio.

¿Cómo aprendo a meditar? La respuesta inicia así: meditando. Quiero decir, lo aprendemos mientras lo hacemos. Puedes hacerlo en tu casa, si tienes la oportunidad de estar en medio de la naturaleza, en un lugar silencioso sería óptimo, pero lo que realmente importa es la disposición y la decisión de eliminar los distractores como tecnología que atrape nuestra atención. La meditación es ejercitar el músculo de la atención. Esto entra dentro del entrenamiento mental de la reinterpretación y la narración nueva que recibirás de Dios. Así que inicia eliminando las distracciones posibles a tu alrededor. Respira, estírate, relájate y toma una postura cómoda, pero que te mantenga despierta, en especial si estás muy cansada o iniciando el día. Como te expliqué, las ondas Delta están cambiando a Theta durante las primeras horas del día, así que debes ser gradual y consciente de no entrar en Delta profundo, tanto que acabas de dejar de leer el libro y posiblemente se zafó de tus manos. Jaja... espero que te reincorpores para seguir leyendo.

Lo siguiente que es importante durante la meditación es la imaginación, ella es más fuerte que el pensamiento conceptual y aun que la voluntad. Nada parte de la nada, es decir debemos definir un objetivo sobre el cual meditar y soltar la imaginación. El psiquiatra C. G. Jung comparte en su autobiografía sobre lo difícil que fue para él humillarse y volver a jugar con la imaginación como un niño. Los adultos necesitamos regresar a estar en contacto con nuestra humilde infancia, simple, llena de imaginación, de asombro y belleza. Te animo a que tu práctica de meditación sea llena de imaginación, puedes observar el cielo e imaginar lo que Dios te habla a través de él. Puedes hacer uso de tus sueños. Dios te revela información a través de ellos, tanto si quiere invitarte a resolver algo, como notificarte o simplemente enviar mensajes que vienen desde adentro. Puedes orar a Dios para invitarle a que Él use tus sueños para hablarte y a la vez los proteja para que no sean contaminados por ninguna otra influencia.

Escribe y lleva un diario o bitácora de lo que vayas recibiendo, soñando o percibiendo. Te sugiero el siguiente orden, pero a medida que tú vayas descubriendo la profundidad de tu espiritualidad en Dios, harás tu propia dinámica.

Un paso valiente: Inicia con dos minutos de silencio ante Su Belleza y Presencia, concentrándote en Él, sin decir nada, o cantar, o empezar a orar, dejando que el silencio sanador elimine tu ruido interior y te concentre en estar presente delante de Él.

Luego respira dos minutos con inhalaciones profundas y lentas, exhala lentamente y repítelo por dos minutos. Sigue respirando y ahora inhala su paz y exhala toda ansiedad o preocupación. Puedes declararlo diciendo: «Dios, gracias por haberme creado de forma tan perfecta, inhalo tu paz y quietud, y exhalo toda angustia o preocupación». Aplícalo a cualquier situación de tu día. Por ejemplo: «Señor, inhalo seguridad y confianza, y exhalo toda angustia por los exámenes de la universidad». Finaliza inhalando gracia y bondad y exhalando gratitud.

No puedo expresarte cuántas veces esta práctica espiritual me libró de un ataque de ansiedad durante la peor fase del proceso. En verdad, recuerda que mi vida se había desmoronado a pedazos. Me volvía a sentir como esa flecha que estaba siendo aquietada para ser colocada en el arco, me sentía siendo enderezada; mis pensamientos se turbaban, mi futuro se nublaba y la meditación, escribir, respirar, me mantuvieron con salud mental, emocional y espiritual. Quisiera transmitirte lo poderoso que puede ser el reposo en Su Palabra y en Su Presencia, no imaginas lo profundo que caló en mi alma.

La oración: La meditación nos introdujo a la profundidad de la vida verdadera, pero la oración nos lleva a la profundidad del espíritu de cada uno, la oración nos cambia, nos sana, nos transforma. No creo que exista otra manera tan completa de nutrir la fortaleza de espíritu; la oración es el reconocimiento activo de Su grandeza, la oración es la práctica de todo ser humano que quiera conocer a su Creador, a su Salvador y Señor. Como lo diría Henri Nouwen: «Llega a la fuerte y al mismo tiempo, evidente percepción en sí misma de que la oración no es un elemento piadoso, meramente decorativo, en su vida sino la respiración de la existencia humana».[6]

La oración contemplativa es algo que ya no se practica en las iglesias, ¡hay tanta premura por los horarios y tiempos! Nuestra sociedad convulsionada no permite el tiempo especial de la contemplación y sublimación de nuestro espíritu para que en el silencio sanador se produzca el más profundo contacto de nuestra identidad de hijos y seamos abrumados por Su inmensurable grandeza. La oración es la actividad del Espíritu en el nuestro. Jesús oró en el Getsemaní, estaba hablando con su Padre, es la comunicación espiritual, el lenguaje del cielo.

> Henri Nouwen: «Llega a la fuerte y al mismo tiempo, evidente percepción en sí misma de que la oración no es un elemento piadoso, meramente decorativo, en su vida sino la respiración de la existencia humana».[6]

A orar se aprende, no se nace sabiendo, y de hecho en toda nuestra vida aprenderemos a orar de maneras más profundas y con mayores intensidades. Por eso sus discípulos le dijeron a Jesús que les enseñara a hacerlo (Lucas 11.1), ellos habían orado toda su vida, era una práctica de la cultura judía, pero algo en el resultado que veían en Jesús les hizo ver que algún misterio no comprendían.

Mi experiencia sobre la oración es la de una inexperta, siempre me siento una novata iniciando el viaje del descubrimiento de un mundo nuevo. Y creo que sentirme así es de lo mejor que me ha sucedido. Como todos, en los primeros años de mi vida cristiana aprendí a orar repitiendo las oraciones de otros, escuchaba, aprendía las frases y oraba, era una niña pequeña cuando descubrí que lo que regularmente hacía dialogando con Dios se llamaba: oración.

A medida que crecía y comprendía la importancia de ella, me ponía nerviosa por no orar «correctamente», por no decir las frases según el orden «establecido», etc. Lo diré de esta forma, mientras más converso con Dios, más lo conozco y más reverencia nace de mí al ver su grandeza; mi sentido de familiaridad se traduce en intimidad y esa intimidad en mayor reverencia y esa reverencia en mayor asombro y a su vez en un sentido de importancia en Él debido a que soy hija de este ser inmensurablemente inexplicable con quien puedo tener intimidad y una profunda conversación, quien me guía, me protege, me fortalece.La familiaridad no es abuso de confianza, no desde la perspectiva divina. Por el contrario, es un sentido de honor y privilegio que te constituye en asumir los privilegios y también las responsabilidades provenientes de ser parte de una familia real. Me siento más segura a medida que profundizo más en mi relación con Dios a través de la oración, y a su vez mucho más impactada y abrumada por su impetuosa inmensidad.

> *Mientras más converso con Dios, más lo conozco y más reverencia nace de mí al ver su grandeza; mi sentido de familiaridad se traduce en intimidad y esa intimidad en mayor reverencia.*

«Si permanecen en mí y mis palabras permanecen en ustedes, pidan lo que quieran, y se les concederá». (Juan 15.7)

La oración es la activación de la Palabra de Dios, es el ejercicio por el cual permanecemos en Él y la única manera de saber cómo y qué orar, y esa es la condicionante para que se nos conceda lo que pedimos.

La oración no es para torcer la voluntad del otro a mi voluntad, es para someter mi voluntad a la suya y dejar que Dios trabaje en la voluntad del otro.

Tenía que recordar este principio. No puedo hacer que la voluntad del otro cambie a menos que cada cual se someta a la voluntad de Dios. Mi oración intercesora no se trata de nuestro deseo de que las personas cambien para nuestro beneficio, sino que se vuelvan a Dios para agradarlo a Él. Solo el sometimiento a

Dios puede hacer que se modifiquen nuestros corazones y conductas.

¿Cómo aprendo a orar? Te imaginarás qué responderé: ¡orando! Ves por qué los discípulos le dijeron a Jesús que les enseñara a orar. Siempre aprenderemos más sobre la oración. Agregaré dos hermosas herramientas, te lo mencioné anteriormente: imaginación y creatividad.

> *La oración es la activación de la Palabra de Dios, es el ejercicio por el cual permanecemos en Él y la única manera de saber cómo y qué orar, y esa es la condicionante para que se nos conceda lo que pedimos.*

La oración requiere imaginación y mucha creatividad, es decir al conocer la voluntad de Dios tenemos la materia prima, pero hay diversidad de formas y colores en los que se puede operar. Imagina a Jesús junto a ti, sentado a la par, caminando contigo. La oración es creadora, la oración es la sustancia de lo que sucederá. Tus palabras están creando milagros en Su Presencia; sé como una niña y déjate llevar por su amor y confianza en Él.

Cuando las Escrituras nos dicen: «oren sin cesar», nos está hablando de esa consciencia profunda de una constante conversación con el Dios que mora dentro de nosotros, arriba, abajo, a los lados, que está sentado en Su trono, y a su vez gobierna y es y está en todo. Por lo tanto, la práctica de la oración nos hará entrar a un estilo de vida en que nuestro espíritu nunca cesa de orar. Siempre está en comunicación y comunión con el Padre. Siempre consciente de Su Presencia. Tanto que igualmente lo verás al otorgarte milagrosamente un espacio en el estacionamiento más concurrido, como alertándote de no ir por la vía que se supone debieras ir mientras conduces, como revelándote un nuevo negocio, mostrándote el corazón de las personas, dándote palabra de dirección para tus hijos, proveyendo finanzas milagrosas, sosteniéndote en medio del momento más duro de tu vida y durante el transitar por el desierto, como llevándote a tierra prometida. Lo verás en la leche y en la miel, pero lo tendrás en medio de la hiel y el vinagre. Estará contigo, la constante oración te hará consciente en todo momento y en todo lugar. (Puedes oír la canción *En todo lugar* en cualquiera de las plataformas digitales).

«Oren sin cesar». (1 Tesalonicenses 5.17)

Combinar tu tiempo de meditación con oración es una mezcla perfecta para tu espíritu, y a eso le vas sumando prácticas y disciplinas que fortalecerán tu vida poderosamente; no hay valiente que no esté fuerte, y la fuerza que necesitarás para enfrentar los desafíos venideros dependerá de un espíritu fortalecido en Dios.

Un paso valiente: Atrévete a hacer oraciones valientes, como la de María, oraciones que desafían nuestra humanidad limitada y nos adentran en una nueva experiencia con Dios. Atrévete a dibujar tus oraciones, a pintar un cuadro con una de ellas, a componer una canción, a danzar delante de Él, atrévete a dar pasos valientes de fe.

La adoración: Hemos llegado a mi práctica espiritual favorita, podría escribir un libro entero sobre este tema. Como lo diría mi amigo Lucas Leys: «Hay heridas que solo se sanan adorando». Te puedo decir que la adoración no es algo que haces, es algo que eres. La mayor expresión de tu identidad es la adoración. Esta es una práctica mixta porque incluye la interna y externa, a su vez la comunidad. Creo que esta práctica está presente en la meditación, la oración, la sumisión, el servicio, el ayuno y en toda entrega y rendición a Dios.

La adoración es la revelación del Cristo resucitado, es la sublimación de nuestra realidad espiritual. La adoración tiene que ver con el Tabernáculo, el lugar de Su Presencia; el Tabernáculo revela La Cruz y ella a Cristo, el Cordero de Dios. La adoración es la práctica de la Presencia de Dios. Sin ella no podríamos elevar nuestros espíritus hacia Su Gracia y Amor. La adoración nos transforma y nos impulsa hacia una mayor obediencia. El acto de cantar y elevar nuestra·voz condiciona todo nuestro ser hacia una dirección clara, por eso los científicos han encontrado los índices de mejora a nivel psicológico y físico de las personas que cantan regularmente. No se trata de cantar armoniosamente o en afinación perfecta, es el acto de utilizar todo el ser para explotar en declaraciones sobre Dios mismo.

La adoración ordena, aclara, es un acto intencional que incluye expresiones visibles externas provenientes de las internas. La adoración abre una compuerta de comunicación fluida entre el Padre y su hijos.

> La adoración ordena, aclara, es un acto intencional que incluye expresiones visibles externas provenientes de las internas.

La palabra «adoración» significa «postrarse», incluye una expresión evidente de nuestro cuerpo que armoniza con el porqué de la adoración. La postura de rodillas es una expresión de rendición y entrega total al Señor. Para mí la adoración fue la clave, el sello del proceso de sanidad. La tercera fase después del proceso está cargada de adoración y celebración por Su Resurrección.

Un paso valiente: ¡Adora con todo tu ser! Algunas de ustedes sabrán que gran parte de mi desarrollo ministerial y profesional ha sido en el campo artístico, específicamente en el ejercicio de mis dones musicales como cantante. Ser adoradora no está constituido en mi vida debido a que tengo la habilidad de cantar melodiosamente, ser adoradora es el resultado de rendirme a Él y da la casualidad que también canto; por lo tanto, quiero invitarte a adorar, ya sea cantando, dibujando, bailando, cocinando, cuidando de tu casa, de tu esposo, de tus hijos, trabajando, conduciendo, sirviendo a otros. Adora en múltiples expresiones y dale todo tu ser. Exprésate, eres una artista en esencia, tienes arte dentro de ti, tú eres arte. Eres una expresión viva de adoración a Él.

• Trabajo en mi cuerpo

Trabajar en tu cuerpo es una ardua labor, por eso decidí llamarle trabajo porque implica una consciente actividad diaria dirigida e intencionada con un propósito claro en mente. Si tú no desarrollas una visión de ti misma y una autoimagen saludable, no sabrás qué perseguir y en qué y por qué trabajar.

Las bases de un autoconcepto saludable siempre estarán en el fundamento en el que has establecido tu identidad, por eso se hace tan evidente en el cuerpo el autocuidado y el grado de prioridad que tú misma tienes en tu lista de actividades. Trato este tema con sumo cuidado y respeto, porque no estoy poniendo de referencia ningún tipo de estereotipo o modelo de estética, sino estoy partiendo de la identidad verdadera y de la valentía que se necesita para atreverte a ser tú misma, la «tú misma» que Dios diseñó y no la que creamos a partir de nuestro egocentrismo.

El cuerpo es el medio de transporte para la misión, por eso Jesús se encarnó, y al hacerlo ratificó la dignidad del cuerpo. Nada más lejos de la verdad que esos enunciados sacados de contexto sobre que el apóstol Pablo le dijo a Timoteo que no se preocupara del cuerpo. El texto dice lo siguiente:

«Rechaza las leyendas profanas y otros mitos semejantes. Más bien, ejercítate en la piedad, pues aunque el ejercicio físico trae algún provecho, la piedad es útil para todo, ya que incluye una promesa no solo para la vida presente, sino también para la venidera». (1 Timoteo 4.7-8)

La aplicación viene como anillo al dedo debido a nuestra sociedad sexualizada, el bombardeo de información por las redes y la exposición constante a imágenes del cuerpo, empujando a la mujer a querer llegar a estándares completamente irreales. Justamente el apóstol Pablo alerta a Timoteo sobre las leyendas profanas y los mitos semejantes porque Pablo y Timoteo se encuentran en Éfeso, la ciudad más importante de la provincia romana de Asia, un centro de culto imperial de gran importancia. Para los romanos y los griegos, la importancia del cuerpo y el ejercicio era prominente. Timoteo, quien era nativo de Listra, de madre judía y padre griego, debía ser muy intencional en cuidar de no aceptar las leyendas y los mitos profanos, cuidar su espíritu y nutrirlo para que pudiese estar firme y fortalecido ante tanto bombardeo. Lo que dice el verso 8 establece el orden de prioridad, pero no es un consejo para sustituir uno por el otro, sino para que el provecho del ejercicio esté establecido en un espíritu fuerte y sólido. Es precisamente esa la razón de incluirlo como un trabajo que se suma a las disciplinas espirituales antes mencionadas, pero que contiene gran importancia, no superior al cuidado de lo eterno, sino en consecuencia de cuidar lo eterno podemos darle el lugar y espacio necesario a lo temporal.

Si tu trabajo físico es el resultado de la ansiedad y el rechazo a tu apariencia actual, te aseguro que aunque tengas resultados, no durarán por mucho tiempo. Nadie puede cambiar para bien desde el rechazo, por eso el inicio del proceso de cambio en Jesús es que Él nos ama primero, nos acepta tal y como estamos, pero nos ama tanto que no nos dejará así. Él anhela nuestra transformación, no porque nos rechace, sino porque Él sabe que hemos estado escondidas en una falsa apariencia e identidad, y por eso la transformación consiste en ser guiadas por Dios para ser verdaderamente nosotras mismas. Ante un suceso adverso, el cuidado de nuestra salud es de suma importancia; la valentía también consiste en tomar control de nuestro cuerpo y no

> *Nadie puede cambiar para bien desde el rechazo, por eso el inicio del proceso de cambio en Jesús es que Él nos ama primero, nos acepta tal y como estamos, pero nos ama tanto que no nos dejará así.*

permitir que ese suceso nos empuje a tomar conductas autodestructivas. Por esa razón es necesario el acompañamiento de profesionales si el caso lo amerita, pero a su vez es una oportunidad de oro para darte cuenta de cómo estás en esta área de tu vida, y así tomar la decisión de trabajar en tu cuerpo que incluye tu salud, condición física y estética. Pero en ese orden, la salud debe ser el primer motivo para mejorar la condición física y como resultado la apariencia.

Creo en el trabajo integral, hay infinidad de materiales para seguir un programa de comida saludable, ejercicios y hábitos de sueño. Pero a menos que trates la causa raíz de tu falta de atención personal, no serán beneficiosos a largo plazo y, por el contrario, irán sumando una montaña de intentos frustrados. Lo que debemos modificar es la creencia a partir de la cual has relegado por tantos años tu cuidado personal. El cuerpo necesita liderazgo consciente, necesita comer de manera consciente, dormir, respirar, excretar de manera consciente. Valorando cada segundo de existencia.

Recuerdo que días después del suceso vivido, empecé a perder el apetito, luego a tener arranques de gula de dulce, sabía lo que le estaba sucediendo a mi cuerpo, era la respuesta de todo el dolor interno y el desequilibrio que estaba viviendo. Me arrodillé y llorando le dije al Señor: «A menos que tú me ayudes, estaré por vivir la temporada más deteriorada en mi salud y apariencia o la más plena en mi salud y apariencia. Solo si tu Espíritu lidera este cuerpo rebelde podré salir». Dios me respondió: «¿Quién eres Kristy?». Mi respuesta inmediata fue: «Tu hija». Me dijo: «Come como tal, duerme como tal, haz ejercicio como tal y ámate como tal. No estarás sola, y de ahora en adelante quiero que me adores con tu cuidado personal, presentándome tu cuerpo como una ofrenda».

Un aspecto fundamental para comprender la importancia del cuerpo para Dios es que Cristo se encarnó en cuerpo como el nuestro, pero sin pecado. Cristo murió en cuerpo y resucito en cuerpo y volverá en cuerpo. La resurrección nos enseña que sin el cuerpo estaríamos incompletos, no podríamos ser ni hacer.

Cuidar mi cuerpo era parte clave de poder experimentar la resurrección, era ver en mi salud, en mi mente y apariencia su poder de resurrección. Después de estar casada por quince años, con dos hermosos hijos varones aún pequeños, me tocaría enfrentar tantos cambios a nivel psicológico, social, espiritual, físico que, a menos que tomara una decisión, la última en ser cuidada sería yo. Mantener la cordura, permanecer firme en su Palabra iba a necesitar no solo de oración y las demás prácticas espirituales, sino también debía darle regulación a mis hormonas y a mis pensamientos. Puedo decirte que después de Dios, el ejercicio y la buena alimentación me tienen de pie. A ese grado llegó mi comprensión de adorar a Dios trabajando en mi cuerpo.

> *La resurrección nos enseña que sin el cuerpo estaríamos incompletos, no podríamos ser ni hacer.*

Inicié un proceso de dormir a mis horas exactas, comer alimentos limpios, es decir no solo lavados y desinfectados, sino lo más orgánicos posibles, limpios de químicos. Tomar suplementos vitamínicos, integrar mis prácticas espirituales diariamente desde los primeros segundos del día. Cambié la ruidosa alarma para despertar por una más coherente para mis ondas Delta, una amable y cortés. Hacer ejercicios cardiovasculares y de peso diariamente. En general, integré rutinas bien establecidas e intencionales. Desarrollé mi propio sistema para armar mis comidas los domingos por la tarde, tanto para mí como para mis hijos, tomando cuidado de incluir los grupos alimenticios. De lunes a viernes mi día transcurre desde las cuatro y treinta de la mañana para lograr todo el proceso de mi tiempo con Dios, mi arreglo personal, armar loncheras y desayunos para luego despertar a los niños con un beso y mimos, buscando la conexión empática desde los primeros segundos de nuestro día. Luego prepararlos a ellos para el colegio. Preparar mi desayuno y almuerzo en mi propia lonchera para luego de ejercitarme y ducharme, desayunar y dirigirme a la oficina para trabajar mientras mis hijos estudian en el colegio. Al terminar la jornada recogerlos para dedicarme a hacer tareas y sus rutinas diarias. No cuento con una asistente en las tareas del hogar como es usual en algunos países, así que realmente puedo comprender tus dinámicas de mujer, esposa, madre, madre soltera, divorciada o viuda. La valentía que corresponde a cada circunstancia es real. La decisión de trabajar en tu cuerpo requerirá valor y decisión. No será fácil, no necesitas todas las facilidades y comodidades para hacerlo, puesto que posterior a una crisis lo primero que necesitas es reducir los gastos y enfocar los esfuerzos. Es necesario hacer un control de daños lo más rápido posible y a su vez lo más condensado posible para mantenerte a flote y resurgir, así que te comprendo. Te comparto frases que me ayudaron y que tengo escritas en diversos lugares como recordatorios:

Aprendí...

Aprendí a respirar con sentido de eternidad, no solo con sentido de supervivencia.

Aprendí a comer más lento y con consciencia de cada alimento provisto por Su mano poderosa.

Aprendí a dar gracias mientras ejercitaba el cuerpo que Él me ha prestado.

Aprendí a honrar el esfuerzo de mi cuerpo al acompañarme a trabajar.

Aprendí a cuidar mi corazón en cada entreno de *spinning*.

Aprendí a dormir en paz.

Aprendí a mimar mi piel y acariciarla porque me protege.

Aprendí a apartar tiempo de retiro para que mi cuerpo descansara.

Aprendí que mis hijos debían saber que Mami era importante para Mami y para ellos, para así poder darles lo mejor de Mami y no los desperdicios de ella.

Aprendí a preguntarme qué quería comer y qué no.

Aprendí a respetar el agotamiento de Kristy y dejarla fluir en su ritmo.

Aprendí a desintoxicarla de las autoexigencias y presiones.

Aprendí a dejarla fluir en su fuerza y en su debilidad.

Aprendí a respetar mis cuatro estaciones hormonales del mes, en especial cuando llegaba el invierno de mi periodo menstrual.

Aprendí a que trabajar en mi cuerpo era más espiritual que terrenal.

Aprendí a escuchar mi cuerpo y sentir lo que él mismo decía que necesitaba.

Ser valiente requiere esfuerzo y el esfuerzo requiere energías y las energías requieren la materia y la materia en esencia es nuestro cuerpo. Aprender a respetar tus ciclos de sueño, de hambre, de excreción es de vital importancia; conocer cómo funcionas y llevar una bitácora de tu mes para revisar cuándo inicia tu ciclo hormonal es de gran ayuda. En la semana o días de tu menstruación no te recomiendo tomar decisiones determinantes basadas en exigencias externas. Claro que no podemos dejar de trabajar y tampoco podemos pedirles a nuestros jefes que nos esperen una semana, pero me refiero a tus decisiones personales.

> *Ser valiente requiere esfuerzo y el esfuerzo requiere energías y las energías requieren la materia y la materia en esencia es nuestro cuerpo.*

Si hacemos un análisis de las etapas del ciclo menstrual podremos observar que se acentúan algunas características parecidas a las estaciones del año, qué nos sucede a las mujeres por mes. Fuimos bendecidas con un útero que es portador de vida y regeneración. Imagínate el nivel de importancia que tiene para tu Padre, tanto que Jesús fue enviado al de María. La menstruación es el punto de partida de cada ciclo del mes, aprender a respetar nuestros ritmos nos dará como resultado una melodía armoniosa con diversas intensidades y énfasis durante el mes. Si no respetamos estos ritmos tendremos un ruido disonante durante todos los meses de nuestra vida.

El periodo menstrual está conformado por cuatro fases. La fase menstrual, fase folicular, fase ovulatoria y fase lútea. Estas fases tienen características similares a las estaciones del año; según la antropóloga Sophia Style y la autora Miranda Gray, estas fases se conectan con los momentos psicológicos derivados de los cambios hormonales, y la clave para encontrar nuestros ritmos será saber reconocerlos y gestionarlos proactivamente.

Después de comprenderlos, te animo a empezar a llevar en tu bitácora de una Valiente un análisis de tu mes y las rutinas que ya están establecidas en tu hogar, con tu esposo, hijos, trabajo, ministerio, etc. Te ayudará a planificar en qué estación del mes es mejor guardarte un poco más y te ayudará a comunicarle a tu esposo, hijos, padres, amigos, novio qué etapa del mes necesitas de su comprensión y estarás más susceptible; en las relaciones es de gran ayuda comunicar en qué etapa del mes necesitarás cierto apoyo. Yo le he comunicado a mis hijitos cuándo mami necesita más amorcito y caricias, y tenemos nuestro lenguaje para que lo sepan. Estoy entrenando a futuros esposos y eso repercute en que ellos también tienen la libertad de decir lo que sienten y lo que quieren.

Las cuatro estaciones del mes

Invierno:

Experimentarás el frío interior, la necesidad de abrigarte y protegerte.

Fase menstrual: Llegada de la regla, expulsión del endometrio.

Fase reflexiva: Tu cuerpo está en su ritmo más bajo, necesita descanso y reflexión ya que es el cierre de un ciclo y el momento de valorar lo que quieres en el siguiente tiempo o la nueva temporada.

Un paso valiente: Trabaja en tu cuerpo, cuidando tu alimentación, bebiendo agua e infusiones, respirando profundo y tomando tiempo para meditar. Tus prácticas espirituales pueden ser de gran ayuda. No dejes de hacer ejercicio físico, moderado pero mantente activa. Repite: «No estoy enferma», «Como me siento no es mi realidad». Si te es posible toma siestas y descansos.

Primavera:

En esta etapa sentirás y verás cómo todo empieza a florecer y a mostrar belleza y esplendor.

Fase folicular: Esta es la fase proliferativa, aumentan los estrógenos, la hormona FSH.

Fase dinámica: Inicia la renovación; aumento de energía; mejor análisis, concentración y planificación. Un buen tiempo para planificar, estudiar, leer, investigar. Tomar decisiones.

Un paso valiente: Trabaja en tu cuerpo, prueba nuevas rutinas de ejercicio, aprovecha para cuidar más tu alimentación. Respira y disfruta el ritmo que va aumentando. Planifica y atrévete a nutrir algún pasatiempo favorito.

Verano:

Tiempo soleado de tu vida, donde hay calor y deseos de compartir risas.

Fase ovulatoria: Los niveles de estrógenos siguen aumentando haciendo que el cuerpo produzca la hormona luteinizante, en este momento es cuando ocurre la ovulación alrededor del día catorce, después el ciclo menstrual.

Fase expresiva: Te sentirás sociable, expresiva, empática y radiante. Capaz de resolver conflictos, y es un buen momento para nutrir relaciones, amigos, familia, esposo, novio, etc. También presentar nuevos proyectos o compartir ideas.

Un paso valiente: Trabaja en tu cuerpo, aprovecha para hacer ejercicios al aire libre, crear cosas nuevas, hacer viajes o buscar restaurar y nutrir relaciones importantes.

Otoño:

Tiempo de nostalgia, tristeza o internalización. Las hojas caen, todo cambia de color, pero está anunciando que el ciclo de vida vuelve a empezar.

Fase lútea o fase premenstrual: Se produce la progesterona, de aquí los síntomas premenstruales como hinchazón y dolor de los senos, incomodidad gástrica y/o cambios repentinos de humor.

Fase creativa: Nuestro nivel de energía es bajo, necesitamos ir hacia adentro, limpiar, soltar, liberar, así como las hojas de los árboles caerán. Es una fase muy prolífera para la creatividad ya que de una fase de muerte saldrá creatividad y vida.

Un paso valiente: Trabaja en tu cuerpo, esfuérzate en mantener tus rutinas de ejercicios, te ayudarán mucho a pasar el bajón emocional y cambio hormonal. No descuides tus horas de sueño y regálate algún antojo. Mímate y respeta tus ritmos de comida.

No tienes idea de cuánto este conocimiento me ayudó durante el proceso más difícil; conocerme me permitió dividir mi mes en cuatro y determinar cuándo tendría las semanas más desafiantes. Esto me ayudó a cuidarme y cuidar a mis hijos, pedir ayuda en el periodo más dificultoso del mes, y tenerme compasión y paciencia, pero sobre todo a ayudarme y respetarme de tal manera que la primera que se contuviera a sí misma fuera yo, es decir me lideré durante el proceso y hacia el progreso.

• Establezco un plan de acción

Mis partes favoritas del proceso V.A.L.I.E.N.T.E.S.: soy proactiva y amo hacer planes, en especial porque esto significa ponerle manos y pies al sueño tan anhelado. Lo que no se planifica no se realiza. Aquí se hará evidente qué tanto has integrado las anteriores etapas. Planificar es escribir en papel, con ideas claras y concretas lo que estás soñando y, sobre todo, lo que después de semejante proceso ha surgido dentro de ti. En esta fase iniciará la resurrección, esa que fue silenciosa en la sepultura, pero que pronto estará a punto de manifestarse y ser vista por todos los que te rodean.

Un paso valiente: Establece un plan de acción. Describe la visión, tu misión y los pasos a corto, mediano y largo plazo. Elige pasos pequeños pero certeros. Empieza de menos a más. Pon pasos lógicos llenos de fe y deja que Él te sorprenda con lo ilógico.

Atrévete a hacer oraciones valientes y planes valientes, no seas escasa: la cruz no tenía un propósito pequeñito, se trataba de TODO EL UNIVERSO.

Tu proceso no fue en vano, así que despiértate del sueño y que tu entendimiento sea alumbrado de tal manera que veas lo que Él ve en ti.

Seamos como María, quien puso el vientre para lanzar una flecha que no fallaría jamás. Solo pon el vientre para que Él envíe redención. Dile: aquí estoy Señor, saliendo de los escombros, aquí estoy con mi poca fe, aquí estoy Padre con mucha inseguridad, con dudas, con frustración. ¿Puedes hacer algo conmigo? Y cuando te hable de su plan solo dile *fiat mihi*, hágase conmigo conforme tu Palabra, y deja que te estire el vientre, que vuelva a empezar el proceso, pero ahora con la vida en tu vientre, en tu corazón, en tu mente. Vas a ser una mujer próspera, no naciste para nada menos, vas a ser una mujer libre, vas a ser una mujer amada, vas a ser una mujer honrada, vas a ser una mujer plena... **Porque has decidido ser una mujer valiente.**

• Salgo con fe

Ahora toca salir del sepulcro, toca mostrar la resurrección, muestra tus heridas para que crean. Te corresponde vivir a su manera, al fin de cuentas lo que te levantó de la muerte fue Su poder, no podrías vivir para nadie más que para Él.

Sal... da el paso, sal para ser sal y luz, sal para vivir, sal para reír, sal para que te vean como testimonio de Su Gloria. Sal porque el propósito de la cruz no concluyó en la sepultura, sino en la resurrección. Tu vida debe ser un monumento a la gracia y a la misericordia de Dios.

Salir es una decisión que no puede ser forzada por nadie, pero sí motivada por muchos. Llega un momento en el que disfrutas tanto el tiempo con Dios a solas, que llegas a querer extender tu «reposo», y una vez que has sido desprogramada de tu mentalidad de esclavitud y víctima y has abrazado tu identidad de hija, llegas a disfrutar mucho el servicio en privado y el que es oculto a la vista humana. Por esa razón es tan importante integrar todas las prácticas espirituales, porque las tres formas te llevan a desarrollar vida equilibrada comunitaria, interdependiente y apegada al cuerpo de Cristo. Hay un tiempo para todo, lo sabemos porque lo hemos vivido y lo dice el libro de Eclesiastés. Así que conforme las estaciones de tu vida vayan transcurriendo, así como las revela mes a mes tu diseño femenino, lo verás en las temporadas de tu vida, en las fases de vida, muerte y resurrección. Lo verás en el arco, la cuerda y la flecha. Lo verás en la naturaleza, y lo verás en tu amado y compañero de vida, en tus hijos, en tus benditos padres, en tus amados amigos y frente al espejo.

Un paso valiente: Quiero ser muy respetuosa hacia tu proceso personal, puede que aún no te sientas lista para salir, no debes forzarte ni exigirte, pero sí debes invitarte. Te sugiero algo que me ayudó mucho. Las primeras salidas fueron a un café cercano a mi casa, me fui con un libro a leer y meditar. Luego fui a mi comunidad, mi iglesia. Luego di otro paso y me integré a algunas actividades. Luego decidí conformar parte de un equipo de servicio, y sucesivamente Dios fue aclarando mis pasos para salir de mi etapa de introspección a mi proyección, una llena de fe y esperanza.

Una recomendación muy importante: El acompañamiento profesional es sumamente importante; la necesidad de profesionales en el tema emocional y de salud mental y física es de mucha importancia en procesos de pérdidas, duelo, crisis y adversidad. De todo corazón te recomiendo que le sumes este cuidado a tus prácticas espirituales en tu comunidad cristiana, si lo consideras necesario y has sentido que hay áreas de las que no logras salir; es necesario que busques ayuda profesional, de médicos, psicólogos, psiquiatras (que compartan tus creencias) terapeutas y grupos de apoyo especializados. Dios usará todo para entretejer un telar donde todo cobre sentido y propósito.

PARTE III

SECCIÓN DE LA
FLECHA

Capítulo 11

VALIENTES: LAS QUE AVANZAN

———— Diario de una arquera valiente ————

He estado haciendo mis ejercicios de omóplatos como me recomendó Yessi, los hago diariamente con un elástico especial, me siento fortalecida y además con mayor estabilidad. Estoy emocionada porque está llegando un momento de seguir avanzando hacia más desafíos y retos. Yessi me dijo:

—Kristy, ya está llegando el momento de empezar a tirar a mayor distancia y con mayor libraje, cuando los retos crecen es porque hemos crecido también. No debes olvidar que siempre debes revisar tus flechas, deben estar rectas, sin torceduras, su punta debe estar firme y sus plumas no pueden estar rotas, de lo contrario no podrá dar vueltas en dirección al blanco.

Por muchas razones mi corazón se emociona mucho al ver cada avance. Me siento terminando una fase del proceso y experimentando su resurrección en todas las áreas de mi vida. Está llegando el momento de ser lanzada y experimentar en mí misma el avance de ser su hija amada, su flecha entrenada y ahora lista para ser lanzada a mi destino; sé que, aunque hay un solo destino eterno, mi vida está siendo formada para propósitos eternos desarrollados aquí y ahora en mi paso por la tierra. Destinos importantes, tanto en mi ser como en mi hacer, en mis proyectos, personas, creencias, logros, realización y, sobre todo, en mi hogar, con mis bellos hijos y familia, y también mi familia espiritual extendida en todos los lugares del mundo.

Me siento lista para una nueva etapa, para una nueva temporada y nuevos territorios. No cabe duda de que siendo su hija, su flecha, debía pasar por el proceso para ser una flecha recta, con plumas enteras, con una punta afinada y, sobre todo, que ha procesado su dolor. Recuerdo cuando investigué sobre las flechas y cómo los golpes las torcían o abollaban, una flecha así no podía ser lanzada pues nunca llegaría a su destino. Cuán profundo fue comprender mi proceso para hoy sentir que llegó el tiempo de ser lanzada, después de haber sido enderezada, sanada y restaurada.

¡Sí! Esto es emocionante y glorioso. Lo creo por la fe. Creeré y no me resignaré. Creeré y valiente seré.

———— ¡Llegó el momento de avanzar! ————

Llegamos a la tercera fase, la más esperada y anhelada, la fase que le da sentido y propósito a todo: la resurrección.

El plan de Salvación no solo consiste en que nazcas de nuevo, sino en que prosigas a vivir como Jesús, a tomar tu cruz y comprender que no morimos físicamente en una cruz, pero si crucificamos nuestros pecados y nuestro orgullo allí en el madero, si decidimos morir voluntariamente a lo que sea contrario a la voluntad del Padre, la promesa será que viviremos la resurrección en todas las áreas de nuestra vida. Si bien es cierto, las implicaciones de la resurrección son para el futuro, en la segunda venida de Jesús.

El primer día de la semana, muy de mañana, las mujeres fueron al sepulcro, llevando las especias aromáticas que habían preparado. Encontraron que había sido quitada la piedra que cubría el sepulcro y, al entrar, no hallaron el cuerpo del Señor Jesús. Mientras se preguntaban qué habría pasado, se les presentaron dos hombres con ropas resplandecientes. Asustadas, se postraron sobre su rostro, pero ellos les dijeron:

—¿Por qué buscan ustedes entre los muertos al que vive? No está aquí; ¡ha resucitado! Recuerden lo que les dijo cuando todavía estaba con ustedes en Galilea: «El Hijo del hombre tiene que ser entregado en manos de hombres pecadores, y ser crucificado, pero al tercer día resucitará».

Entonces ellas se acordaron de las palabras de Jesús. (Lucas 24.1-8)

Imagina la situación de la comunidad de creyentes después de la Pascua, estaba claro que lo que habían creído los últimos tres años de su vida y por lo que habían dejado negocios, familias, dinero e ideales, finalmente era falso. Ya muerto, no podía ser el Mesías esperado. La concepción de un Mesías manso y humilde estaba muy lejos de la idea del judaísmo. La maldición del que cuelga de un madero significaba un golpe insuperable para los discípulos, sus esperanzas se destruyeron. Imagina los sentimientos durante el día sábado, horas de agonía, frustración, enojo, ira, vergüenza, soledad, abandono. No puedo ni imaginar las ideas y dudas que pasaron por la mente de todos, el dolor que causó a María, la madre de Jesús. Sin duda, María había guardado tantas cosas en su corazón que la tenían fortalecida en su espíritu, pero ver a su hijo siendo destrozado debió causar una tremenda angustia; para los discípulos era el momento de que fuera probada la fe y que se evidenciara la formación que de Él recibieron.

Sin embargo, esto no los exime de la desesperanza que se apodera de ellos. Sin duda ellos estaban presenciando un acontecimiento de trascendencia universal, todo el cosmos fue conmovido. ¿Qué estaba sucediendo en ellos a nivel emocional, físico, mental, espiritual? Todo su ser estaba siendo conmovido, estaban frente al acontecimiento que cambiaría la historia de toda la humanidad. ¿Qué experimentaban ante tal suceso?

La escena que revela el proceso por el cual Dios nos lleva del proceso de muerte y desesperanza al único progreso eterno llamado resurrección y provisión de la Esperanza Viva es el encuentro de Jesús con algunos de sus discípulos camino a Emaús.

La conversación es la que también tiene con nosotros posterior a un trauma, crisis, tragedia y curiosamente también después de un gran éxito. Cuando los sentimientos de desesperanza, desencanto, temor y confusión hacen su aparición puede ser que necesites esta conversación con Jesús.

El relato de Lucas y el encuentro de los discípulos con Jesús camino a Emaús, el día domingo, es decir el día de la resurrección, es sumamente importante para nosotras las mujeres, principalmente porque son ellas las primeras en saber que la tumba está vacía, ellas habían llegado muy de mañana con especias aromáticas; es hermoso que Lucas resalte las características de nuestra personalidad femenina en el texto; aunque era parte de la tradición judía, lo importante es resaltar que son las mujeres las que traen la belleza en medio de un cuadro tan oscuro y cruel. Se postran ante los hombres con ropas resplandecientes y ellos les anuncian que Jesús ha resucitado. Ellos les recuerdan las palabras que Jesús les había dicho sobre su resurrección al tercer día. Sin embargo, forma parte de nuestra realidad humana que cuando las cosas no salen como esperábamos olvidemos las palabras y promesas dichas por Jesús. No deja de llamarme la atención que los discípulos, hombres, no creyeran el relato de María Magdalena, Juana y María, la madre de Jacobo, y de las demás mujeres, a excepción de Pedro que ya había recibido bastante respecto a su orgullo e incredulidad.

En medio de nuestro camino, mientras tratamos de avanzar y seguir nuestro paso, aun sin esperanza o fuerza, mientras discutimos y hablamos intentando encontrarle sentido a los sucesos adversos, Él se acerca y nos hace preguntas.

«Aquel mismo día dos de ellos se dirigían a un pueblo llamado Emaús, a unos once kilómetros de Jerusalén. Iban conversando sobre todo lo que había acontecido. Sucedió que, mientras hablaban y discutían, Jesús mismo se acercó y comenzó a caminar con ellos; pero no lo reconocieron, pues sus ojos estaban velados». (Lucas 24.13-16)

Así como los discípulos nos encuentran a nosotros cabizbajos, ensombrecidos, y las preguntas nos molestan porque asumimos que todos debieran saber nuestra desgracia, Él, que lo sabe todo, nos hace preguntas, no porque no sepa las respuestas, sino para hacernos verbalizar, hablar, exteriorizar nuestro estado y hacernos pensar. Creo que al escucharnos a nosotros mismos nos damos cuenta de nuestro verdadero estado, y es cuando somos conscientes.

—¿Qué vienen discutiendo por el camino? —les preguntó.

Se detuvieron, cabizbajos; y uno de ellos, llamado Cleofas, le dijo:

—¿Eres tú el único peregrino en Jerusalén que no se ha enterado de todo lo que ha pasado recientemente?

—¿Qué es lo que ha pasado? —les preguntó». (Lucas 24.17-19)

Al responder, nuestra desesperanza se hace evidente y a su vez son expresados los atisbos de aquella esperanza que albergábamos, la misma que se mezcla con Sus palabras y nuestras «expectativas frustradas», generalmente nuestras expectativas humanas se rompen y quedan Sus Palabras, Sus Promesas, lo que Él sí dijo, y es claro lo que Él no dijo.

> *Generalmente nuestras expectativas humanas se rompen y quedan Sus Palabras, Sus Promesas, lo que Él sí dijo, y es claro lo que Él no dijo.*

—Lo de Jesús de Nazaret. Era un profeta, poderoso en obras y en palabras delante de Dios y de todo el pueblo. Los jefes de los sacerdotes y nuestros gobernantes lo entregaron para ser condenado a muerte, y lo crucificaron; pero nosotros abrigábamos la esperanza de que era él quien redimiría a Israel. Es más, ya hace tres días que sucedió todo esto. También algunas mujeres de nuestro grupo nos dejaron asombrados. Esta mañana, muy temprano, fueron al sepulcro, pero no hallaron su cuerpo. Cuando volvieron, nos contaron que se les habían aparecido unos ángeles quienes les dijeron que él está vivo. Algunos de nuestros compañeros fueron después al sepulcro y lo encontraron tal como habían dicho las mujeres, pero a él no lo vieron.

Jesús nos oye y también nos contesta. Nos reprende y nos hace ver nuestra poca fe, pero se toma el tiempo para volvernos a explicar desde el principio, lo que ya deberíamos de saber.

—¡Qué torpes son ustedes —les dijo—, y qué tardos de corazón para creer todo lo que han dicho los profetas! ¿Acaso no tenía que sufrir el Cristo estas cosas antes de entrar en su gloria?

Entonces, comenzando por Moisés y por todos los profetas, les explicó lo que se refería a él en todas las Escrituras. (Lucas 24.19-27)

Particularmente me hace palpitar el corazón ver la personalidad y el carácter de Jesús en este texto. Porque nos revela a un Jesús resucitado que espera que lo deseemos y le insistamos en quedarse con nosotros.

«Al acercarse al pueblo adonde se dirigían, Jesús hizo como que iba más lejos. Pero ellos insistieron:

—Quédate con nosotros, que está atardeciendo; ya es casi de noche.

Así que entró para quedarse con ellos». (Lucas 24.28-29)

Sin embargo, en esos momentos de confusión y desesperanza, Dios envía muchos mensajes y mensajeros para que lo veamos, pero como le pasó a sus discípulos, puede que no lo reconozcamos aun estando frente a Él.

Será hasta que lo veamos de nuevo partiendo el pan, bendiciéndolo y dándolo, será hasta que recordemos el sacrificio de la cruz con perspectiva de esperanza, con claridad de que ese acontecer que estamos viviendo tiene un sentido superior, tiene el mensaje de la cruz. Es el pan del cielo, es nuestro maná, es nuestro Señor, quien bendice, parte y reparte...

«Luego, estando con ellos a la mesa, tomó el pan, lo bendijo, lo partió y se lo dio. Entonces se les abrieron los ojos y lo reconocieron, pero él desapareció». (Lucas 24.30-31)

Nuevamente estamos siendo bendecidos, para ser partidos porque hasta que no somos partidos no podremos ser repartidos en otros. Así se les abren los ojos, y así nos pasa a nosotros también. Hasta ese momento somos conscientes de que Jesús mismo nos ha visitado en medio de nuestros intentos por caminar, Jesús mismo hace arder nuestro corazón y por fin somos conscientes de que las emociones no pueden dominarnos más y que Sus promesas, Su Palabra, es la verdad, el verbo hecho carne, Él es la Verdad.

—¿No ardía nuestro corazón mientras conversaba con nosotros en el camino y nos explicaba las Escrituras?

Al instante se pusieron en camino y regresaron a Jerusalén. Allí encontraron a los once y a los que estaban reunidos con ellos. «¡Es cierto! —decían—. El Señor ha resucitado y se le ha aparecido a Simón».

Los dos, por su parte, contaron lo que les había sucedido en el camino, y cómo habían reconocido a Jesús cuando partió el pan. (Lucas 24.32-35)

Se nos seguirá apareciendo en los momentos de duda.

Todavía estaban ellos hablando acerca de esto, cuando Jesús mismo se puso en medio de ellos y les dijo:

—Paz a ustedes.

Aterrorizados, creyeron que veían a un espíritu.

—¿Por qué se asustan tanto? —les preguntó—. ¿Por qué les vienen dudas? Miren mis manos y mis pies. ¡Soy yo mismo! Tóquenme y vean; un espíritu no tiene carne ni huesos, como ven que los tengo yo.

Dicho esto, les mostró las manos y los pies. (Lucas 24.36-40)

De nuevo nos hará ver sus heridas, para que volvamos a creer en Él y entonces comprenderemos que son las heridas las que se convierten en señales. Dejan de ser heridas del pasado y se convierten en señales del futuro glorioso en Él.

Nos seguirá preguntando: ¿Por qué dudas? Y de nuevo nos recordará sus heridas, pero que ha resucitado y de nuevo vuelve a comer con nosotros, vuelve a conectarse con nuestra humanidad, vuelve a recordarnos que es un sumo sacerdote que se compadece de nuestra hambre.

Como ellos no acababan de creerlo a causa de la alegría y del asombro, les preguntó:

—¿Tienen aquí algo de comer?

Le dieron un pedazo de pescado asado, así que lo tomó y se lo comió delante de ellos. Luego les dijo:

—Cuando todavía estaba yo con ustedes, les decía que tenía que cumplirse todo lo que está escrito acerca de mí en la ley de Moisés, en los profetas y en los salmos.

Entonces les abrió el entendimiento para que comprendieran las Escrituras.

—Esto es lo que está escrito —les explicó—: que el Cristo padecerá y resucitará al tercer día, y en su nombre se predicarán el arrepentimiento y el perdón de pecados a todas las naciones, comenzando por Jerusalén. Ustedes son testigos de estas cosas. Ahora voy a enviarles lo que ha prometido mi Padre; pero ustedes quédense en la ciudad hasta que sean revestidos del poder de lo alto. (Lucas 24.41-49)

Nos volverá a recordar que se cumplió lo que estaba escrito en la ley de Moisés, los profetas y los salmos. Y entonces volveremos a comprender las Escrituras, se nos volverá a abrir el entendimiento. Ahora bien, mi amada que estás leyendo, tiene un propósito. Sí, las heridas se convertirán en señales, esas señales o flechas apuntarán al único objetivo. Nosotras apuntaremos al Sanador, tu historia de dolor se convertirá en señal para que otros crean, pero a su vez será el cumplimiento de una misión mayor de arrepentimiento, perdón de pecados, testimonio y la llenura de Su Espíritu.

«Después los llevó Jesús hasta Betania; allí alzó las manos y los bendijo. Sucedió que, mientras los bendecía, se alejó de ellos y fue llevado al cielo. Ellos, entonces, lo adoraron y luego regresaron a Jerusalén con gran alegría. Y estaban continuamente en el templo, alabando a Dios». (Lucas 24.50-53)

Él aparece en medio de la desesperanza para revelarse y mostrarnos la resurrección, nos comisiona y también nos bendice para que viéndolo a la diestra del Padre lo adoremos y nos llenemos de alegría mientras cumplimos la misión en este mundo que duele y se cae a pedazos sin Cristo.

«El acontecimiento de su entrega, muerte y resurrección se convierte en la revelación de la justicia rehabilitadora de Dios».[1]

El Cristo resucitado, a quien adoramos y por quien encontramos sentido y propósito de vida, no solo nos provee de una nueva comprensión de nuestra existencia, sino de la base fundamental para edificar nuestra identidad.

En otras palabras, no solo es verdad que resucitaremos en el día final y esta será la consumación de esa promesa y esperanza, sino a su vez tiene una aplicación para el aquí y el ahora; por la resurrección de Jesús ocurrida en la historia, la vida de Dios ha sido implantada en nosotros y «ya hemos resucitado» para manifestar la vida, la gracia y el amor de Dios al mundo. La resurrección se traduce y manifiesta en el hoy y aquí» por el poder del Espíritu como valentía para vivir, valentía para amar, valentía para entregar nuestra vida para sus propósitos para que el mundo crea que Jesús es el Señor.

Mi amiga, pasé muchos días orando, llorando, pensando si debía entregar mi historia al público, es una historia cargada de tantos momentos dolorosos, y de un momento a otro la resurrección empezó en mí, en mis hijos, en mi llamado a servir a Dios, en mis talentos, mi profesión, mis sueños, proyectos, etc. Todo lo que iba siendo entregado en la cruz pasaba por su sepultura y luego Dios mismo lo resucitaba. He vivido tantos milagros en los últimos cuatro años de mi vida que no podrían caber en este libro.

Mi amiga, de una noche a otra perdí todo, y te digo todo, hasta la casa que con tanto esfuerzo habíamos construido, pero Dios me dio más de lo que jamás imaginé, a mí y a mis hijos. No tengo palabras, no puedo dejar de adorarle, de cantarle, de servirle, de contar sus milagros, no puedo quedarme en la tumba, debo salir y testificar del poder que me resucitó, de la Gracia redentora y de la verdad de que sus hijas son tratadas por Él como un Padre, y nuestros hijos son primero Sus hijos que nos ha dado el honor de criar. Tú puedes vivir estos milagros que están sucediendo, mientras estás adentro de la roca de Salvación seguirán sucediendo; mi historia aún se sigue escribiendo, seguiré viendo sus milagros de resurrección y tú también.

Capítulo 12

SÉ VALIENTE PARA VIVIR SOLO PARA MI APROBACIÓN

———— Diario de una arquera valiente ————

Tengo una emoción que no me cabe en el pecho. En verdad estoy cada vez más impresionada con esta temporada de avance y progreso tan gratificante. He de confesar que estoy tomando mucha seguridad y a su vez tengo una especie de nostalgia de aquellos días de principiante en los que había tanto asombro; no quiero dejar de asombrarme y disfrutar la belleza de seguir aprendiendo. Yessi, mi maestra, realmente tiene muchas anécdotas sobre las competencias de tiro y me está animando a competir también, siempre me cuenta sobre lo satisfactorio que es esa experiencia. Sin embargo, me pasa algo curioso, no tengo ganas de perder el deleite de hacerlo por el puro goce y disfrute personal. He descubierto la belleza de la quietud que el alma toma cuando vive para la sola aprobación de Dios. No quiero decir que no lo haré algún día, porque sería muy bonito, pero por ahora creo que lo que más deseo es ser valiente para vivir solo para ser aprobada y celebrada por Dios. Desde muy temprana edad mi vida ha trascurrido frente a escenarios y personas, lo he disfrutado mucho, pero estoy en una etapa muy hermosa de gozar de la admiración de los ojitos de mis hijos mientras ven a mami practicar, entrenar y ejercitarse por deleite personal. El avance, progreso y la resurreción son milagros visibles pero no publicitados, es decir son expuestos por la mano misma de Dios. Ya veremos que traerá esta temporada de tanta gracia y amor.

Sé valiente para vivir solo para mi aprobación

Esta fue la cuarta frase que Dios me indicó, sin saber lo que ella significaba intenté hacerlo, pensé que se refería a no oír lo que la gente opinaba de mí. Mientras iba sanando intentaba encontrarle sentido a los sucesos, me veía tentada a dar explicaciones, me preocupaba lo que la gente diría de mí.

Mi corazón intentaba latir pero cada latido dolía. ¿Cómo podía comprender que esto me estuviera sucediendo?

La familia siempre ha sido lo más importante para mí. En el uso de mi mejor estado de consciencia hice y di lo mejor que pude. Hasta donde mi conocimiento me permite analizar, respondí a todas y cada una de mis funciones como mujer, esposa y madre lo más esforzadamente que pude. No necesito decir la frase «no soy perfecta», a quién le cabe duda de eso. No sé por qué necesitamos aclararlo, no deberíamos tan siquiera dudar de nuestra imperfección, de hecho, como ya lo mencioné, es la razón de nuestra valentía. No se es fiel al otro por la perfección, nadie podría ser fiel; se es fiel por amor, por carácter, por decisión. El corazón dolía, los sueños, la proyección de vida, las ideas construidas. ¡Por favor! El matrimonio es la base de la sociedad.

Imagina mi sentimiento. Cuando recibí esta frase de parte de Dios, pensé: «Sí, es verdad ¡qué me importa la gente!. No tengo por qué dar explicaciones, es mi vida. La aprobación de la gente me importa un nabo... Si tú, Señor, me amas y me apruebas, soy feliz»... y así seguí armando mi terapia lingüística inútil, orgullosa y agotadora. Hasta que un día, Dios me dijo: «¡Ey, hija, Ey! No has entendido nada». Sip... así era. No había entendido nada, aún estaba en mi fase de Cruz y no me parecía en nada a la figura: «Como cordero fue llevado al matadero, enmudeció y no abrió su boca». Si bien es cierto, había obedecido en no defenderme públicamente, e ir a buscar a los ofensores para clavarlos en la cruz. Mi corazón quería salir al mundo a defenderse, a explicar lo buena esposa que había sido y lo inmerecedora de esta traición.

Estaba claro que ellos estaban en un pecado, ¿pero yo?... debía aclarar que estaba ilesa y limpia. Oh sorpresa... estaba a punto de entender el propósito confeccionado para mí de aquel terrible suceso.

«Sé valiente para vivir solo para mi aprobación» no significaba que la gente no importa, tampoco enciérrate en tu cueva y desprecia a todos los demás. No significaba sal a demostrar cuán fuerte eres, tampoco camina cabizbaja y meditabunda para que todos sepan de tu angustia. No significaba no respondas a nadie y tampoco significaba que no te duela el rechazo vivido. Lo que realmente significaba era: si te liberas del orgullo tendrás la valentía para caminar bajo mi aprobación en humildad y libertad. Ahora bien, vamos a barajar esto más lentamente.

Al compartirte mi historia, sé que como eres una lectora inteligente, te harás preguntas cómo: ¿Y qué pasó con él y ella? ¿Quiénes serán? ¡Gente malvada!... etc.

Nada vivificante podría producir si mi intento al contarla fuera explicar mi situación y mostrarme como una perfecta dama sufriente, tampoco si mi deseo fuera demostrar que «soy mejor» que otros. El asunto aquí es que vivir para la aprobación de Dios, no es curarme de un resfrío pero no poner atención al cáncer de mi corazón. Es llegar a la causa raíz de todos los pecados que no nos permitirán experimentar la resurrección. Dar explicaciones para demostrar que soy mejor que otro, dar explicaciones para ser aprobada y admirada por los semejantes como resultado de mi gran amor propio o de mi inseguridad, es hacer uso de la gente para que me rinda su elogio, con fines personales y egocéntricos; en nada aprovecha en beneficio de ellos, sino solo en el mío. Tal como lo expliqué en la primera sección del libro, usar a la gente como «barca» para que me lleven al lugar donde deseo estar, es ponerme por encima de ellos y demeritar su valor. Dios usa a personas para llevarnos a nuestros propósitos pero lo hace Él, precisamente porque mientras ellas son usadas por Dios para mi beneficio, yo soy usada para el beneficio de ellas, tanto que Dios tiene el cuidado de hacernos crecer a ambas.

La razón por la que asigné esta cuarta frase a la fase final y más importante de todas que es la resurrección es porque la evidencia de esa obra perfecta será caminar llevando el orgullo a la cruz para ser crucificado y que podamos resucitar en Él.

¡Qué sutil pecado es este, qué arraigado está en nuestro corazón! Mujeres hermosas, soy una precursora del desarrollo de la mujer, de restablecer su verdadera identidad y valor, de ratificar su dignidad y cuidado, pero ciertamente desde la única forma de profundo valor y fortaleza humana: la humildad de la identidad en Cristo. Quisiera ser más humilde a este punto y poder entregar más verdad al respecto, pero me encuentro en una feroz batalla diaria por matar ese orgullo para que la virtud de la humildad crezca. Así que no te lo comparto como ejemplo viviente del mismo, sino como una aprendiz y practicante diaria. Como te dije desde el inicio, no soy un ejemplo de superación para ser admirada y aplaudida por mis logros, sino un testimonio de la gracia y misericordia que se ha abrazado de la valentía divina. Aprender a vivir para su sola aprobación requiere gran valentía, porque llevarte a ti misma diariamente al lugar de rendición y entrega es un acto del coraje y esfuerzo divino.

Como lo plantearía C. S. Lewis en su libro *Mero Cristianismo*, el gran pecado que es el orgullo esencialmente es competitivo, no se sacia con tener algo bueno sino con tener algo mejor que el del vecino. Arrebatarle el novio, esposo, proyecto, amigos, puesto, cliente al otro u otra no es para amarle o servirle mejor, sino para demostrarse a sí mismo que es mejor que el otro. Una cuestión de poseer por posición, mas no por amor. El orgullo separa, divide; no pueden haber muchos orgullosos juntos por mucho tiempo, uno iniciará hablando del orgullo insoportable del otro, y es que justamente lo que nos «molesta» del otro generalmente es lo que apesta en nosotros. Cabe mencionar que no es orgullo, para no malinterpretar elementos necesarios en la naturaleza humana.

El placer ante el elogio, no es orgullo. La alabanza de los padres hacia un hijo, la mujer bella que es alabada por su amado o la hermosa declaración de Dios: «Bien hecho buen siervo fiel», hacen que la persona se sienta complacida, y así debe ser. Porque tal satisfacción se encuentra en agradar a quien queríamos agradar. El orgullo hace su aparición cuando pensamos: *Le agradé porque cómo no iba a agradarle si soy la persona más maravillosa, no creo que haya alguien como yo.* Para quienes queremos agradar a Dios, también puede hacer su aparición cuando pensamos: *Dios me ama porque soy mejor que otros, Dios me bendice porque yo soy diferente a toda esa bola de gente defectuosa.* ¿Me explico? El orgullo no es el placer de agradar, sino entrar en la competencia por hacerlo, nos puede pasar con nosotras mismas, con otras personas y hasta con Dios.

De esta realidad es que parte la claridad de vivir para Su sola aprobación, basada en la humildad que te produce el arrepentimiento, el reconocimiento de nuestra incapacidad de ser «perfectos», no como una excusa para hacer lo que nos da la gana, sino como rendición a Su obra perfecta en la cruz por la cual somos perfeccionados para Su gloria.

Escribí este libro con mucha responsabilidad y con la autorización del padre de mis hijos. Quien ha vivido este proceso y lo vivirá de nuevo a su manera y en su tiempo, por la misericordia de Dios así sea.

Mis hijos leerán este libro que le dará sentido al porqué de aquello que un día no comprendieron, ellos vivirán este proceso y recibirán resurrección cuantas veces sea necesario. Alguien me dijo una vez: «Dios perdona pero la gente no, sería mejor no contar nada». Me pareció muy lógico y hasta sabio por un tiempo, pero luego Dios me confrontó y me dijo: «Y si Yo quiero usar la historia "incompleta" para completarla, y si es tu vulnerabilidad la que liberará a tus hijos de no tener nada de qué avergonzarse, porque no hay secreto que guardar, sino milagros que revelar, y un padre a quien amar y honrar porque Dios Padre lo ha hecho con todos».

Ante Su Cruz, todos estamos al mismo nivel. Las consecuencias naturales de los pecados cometidos son vividas por cada persona que toma decisiones, y el proceso de cada cual es personal. Necesitamos gracia sin condenarnos y juzgarnos para enfrentar con valentía la realidad que ya no podemos cambiar, para esforzarnos en lo que sí puedo cambiar. Lo cierto es que el futuro en Él se sigue escribiendo por su incomprensible y extravagante amor, nos permite escribirlo juntos.

Esta es mi historia, una real, igual que la de muchas mujeres, hermanas y amigas. Para llegar a este punto de vulnerabilidad te aseguro que me reconcilié con mi historia y besé mis cicatrices hasta que llegaron a ser señales de Su Poder. Soy una carta abierta, una con historias inspiradoras y admirables; con historias dolorosas y frustrantes. Con subidas y bajadas, tal como la gráfica, soy una flecha en la aljaba de mi Padre, el arco y la cuerda han sido tensados una y otra vez; ese entrenamiento ha producido vida, pero no cualquier vida, sino una con repercusiones eternas.

«Ciertamente, ninguna disciplina, en el momento de recibirla, parece agradable, sino más bien penosa; sin embargo, después produce una cosecha de justicia y paz para quienes han sido entrenados por ella». (Hebreos 12.11)

Todo obra para bien a los que le aman. La mejor manera de vivir solo para Su aprobación es vivir sin nada que esconder, y encontrar la belleza de cada cicatriz que revela al Sanador. No tengo nada de que avergonzarme si al revelar mis imperfecciones estas hablan de las batallas libradas, de la misma manera que mis estrías hablan del sacrificio pagado para ver el rostro de mis hijos, y las heridas del Maestro hablan del precio pagado por los suyos. Puedo ser vulnerable cuando soy amada, puedo ser valiente cuando soy obediente y puedo avanzar cuando he sido resucitada.

Sí que iba a requerir valentía vivir solo para su aprobación. Casos como el mío suceden constantemente, de algunos nos enteramos, de otros ni tenemos idea. La dimensión del impacto social es proporcional a la posición pública de la persona que lo vive. Una de las evidencias de vivir en Cristo es vivir para Él y por Él.

El hecho histórico de la resurrección es la base para el Nuevo Testamento, ya que este es el testimonio que los apóstoles dan de la resurrección. En otras palabras, toda la vida, enseñanzas, muerte, cobró sentido en retrospectiva cuando Él resucitó y ascendió. Cuando los apóstoles empezaron a recordar los acontecimientos que habían vivido con Jesús y a reflexionar en ellos, todo tomó sentido y forma; cobró significado experiencial todo el Antiguo Testamento, sus ojos fueron abiertos a la revelación que ahora era dirigida por Su Espíritu Santo.

> *Puedo ser vulnerable cuando soy amada, puedo ser valiente cuando soy obediente y puedo avanzar cuando he sido resucitada.*

No sé cuál sea tu historia, pero pasé por esa «muerte» que era una vergüenza pública, sentí lo mismo que los discípulos, recuerda que se suponía que las cosas no sucederían así, al fin de cuentas llevaba años de testificar de sus milagros. Las cosas no salieron como esperaba. La resurrección que ha sido la evidencia de Su poder en mi vida, le dio sentido a todo el pasado. La cruz y la sepultura no podrían ser testimonio sin la evidencia de la resurrección. Una que sigue sucediendo y que sin duda seguirá en mi vida. Cada milagro que suceda por el Cristo resucitado le dará más significado a todo lo acontecido.

Hoy doy testimonio de muchos sucesos que cobraron validez en Él, pero esto aún no termina. No sé cuántos milagros seguirán tomando lugar en mi vida y en la de mis hijos. Desconozco el futuro, pero estoy plena y segura de que la resurrección me otorga la valentía para vivir testificando de su obra mientras sigo siendo perfeccionada en Él y para Él.

> *Cada milagro que suceda por el Cristo resucitado le dará más significado a todo lo acontecido.*

El cristianismo no espera el fin del sufrimiento, sino el propósito del mismo, que es el gran gozo y la satisfacción. Cualidades de carácter que solo se desarrollan durante el proceso. El sufrimiento nos purifica cuando se acepta y procesa, pero nos endurece cuando lo rechazamos y queremos evadirlo. Cuando se activa en ti tu identidad de hija y discípula de Jesús respondes con valentía a la adversidad y pasas el proceso. Somos discípulos cuando compartimos sus padecimientos, pero esto solo puede darse al procesar a su manera el dolor que nos hace crecer y estirarnos a su imagen, a parecernos a él.

Imagina conmigo al Padre como el arquero, a Jesús como la flecha y a las circunstancias y los escenarios como el arco. Jesús desciende del cielo al vientre de María, se desarrolla como un niño, como un adolescente y llega a su edad adulta, sigue descendiendo. Llega el día del cumplimiento del inicio de su ministerio público, el Padre hace oír su voz y lo afirma, el Espíritu desciende en forma de paloma en el bautismo, el Hijo sigue descendiendo, cumple su misión y sigue descendiendo hasta morir en la cruz, desciende aún más en la sepultura y vence el poder de la muerte. ¿Quién seguía a cargo, quién seguía estirando la cuerda hacia abajo, quién no soltaba la flecha? Me pregunto. La dirección de la flecha siempre apuntó hacia el cielo, sabía de dónde venía y a dónde debía volver. El Padre lo resucita, se presenta a sus discípulos y entonces llega el momento de soltar la flecha hacia el cielo para que ascendiera al Padre.

> «El que descendió es el mismo que ascendió por encima de todos los cielos, para llenarlo todo)». (Efesios 4.10)

La misión se había cumplido, el Hijo se había humillado hasta el punto más bajo, hasta el más intenso estiramiento. Estaba listo para ser enviado de vuelta a su Padre.

> *El cristianismo no espera el fin del sufrimiento, sino el propósito del mismo.*

La actitud de ustedes debe ser como la de Cristo Jesús,

quien, siendo por naturaleza Dios,
no consideró el ser igual a Dios como algo a
qué aferrarse.
Por el contrario, se rebajó voluntariamente,
tomando la naturaleza de siervo
y haciéndose semejante a los seres humanos.
Y, al manifestarse como hombre,
se humilló a sí mismo
y se hizo obediente hasta la muerte,
¡y muerte de cruz!
Por eso Dios lo exaltó hasta lo sumo
y le otorgó el nombre
que está sobre todo nombre,
para que ante el nombre de Jesús
se doble toda rodilla
en el cielo y en la tierra
y debajo de la tierra,

y toda lengua confiese que Jesucristo es el Señor,
   para gloria de Dios Padre. (Filipenses 2.5-11)

Si hiciera una gráfica de estos versículos sería una línea descendente hasta el punto más bajo y luego una línea ascendente hasta el infinito.

> *La misión se había cumplido, el Hijo se había humillado hasta el punto más bajo, hasta el más intenso estiramiento. Estaba listo para ser enviado de vuelta a su Padre.*

La flecha en las manos del Valiente había dado en el blanco y ahora regresaba a su Padre, al esplendor de la trinidad reinando a la diestra del Padre, regresaba a interceder por sus hermanos menores. Él volverá. ¡Qué gloriosa figura!

La resurrección es nuestra ancla firme de la esperanza viva.

La resurrección dignificó el cuerpo.

La resurrección transforma para siempre el sentido de la muerte:

De fatalidad a libertad.

De intrascendencia a trascendencia.

De derrota a victoria.

De pérdida a ganancia.

De fin a principio.

«El mundo me dice que en medio de la vida estoy muriendo; Dios me contesta, No, en medio de la muerte, vives».[1]

Dietrich Bonhoeffer, el último día de su vida terrestre, celebró la Santa Cena en el campo de concentración, predicando sobre Isaías 53. Al final de la celebración, un policía de la Gestapo de Adolfo Hitler pronunció su nombre. Bonhoeffer sabía que lo llevaban para ahorcarlo. «Este es el fin», dijo, «para mí el principio»;[2] fueron sus últimas palabras.

«Después de hablar con ellos, el Señor Jesús fue llevado al cielo y se sentó a la derecha de Dios». (Marcos 16.19)

Amada, muy amada. Llegó el momento de avanzar, porque la prueba de tu resurrección es salir de la sepultura a revelar, sin vergüenza ni explicaciones rebuscadas, solo mostrar tus cicatrices, que se han convertido en señales de Su Poder y de Su Resurrección. Vuelve a ver tu mano. El Padre, el Hijo y el Espíritu Santo te han resucitado y te han dado:

Identidad: Él mismo ha resucitado tu verdadera identidad. Todos los aspectos psicológicos de tu vida. Ya hemos aprendido a vivir en libertad y a llevar a la cruz toda carga psicológica; nuestro ADN emocional y el comportamiento han sido sanados por el ADN emocional de Cristo, tenemos acceso a la sanidad y la resurrección en el carácter de Cristo. Nuestra propia expresión revela la abundancia de creatividad de Dios.

Propósito: Él mismo ha resucitado tu porqué. Todos los aspectos espirituales han sido sanados. Tu fe, tu trascendencia y propósito han sido resucitados. Este es aspecto central de la vida de fe. Tu espíritu ha pasado de muerte a vida y por eso puedes creer en Él y ser resiliente porque tu espíritu lo es en Él.

> *«El mundo me dice que en medio de la vida estoy muriendo; Dios me contesta, No, en medio de la muerte, vives».*[1]

Asignación: Él mismo ha resucitado tu qué. Todos los aspectos biológicos de tu vida. Tu ADN genético, los aspectos físicos y las capacidades y características fisiológicas han sido sanados y resucitados. El sacrificio perfecto de sangre sanó la tuya, aún tu cuerpo experimenta la resurrección, tanto en la salud como en la fuerza y energía, elementos vitales para cumplir tu asignación y misión.

Territorio: Él mismo ha resucitado tu dónde. Todos los aspectos de tus creencias; todas ellas han sido resucitadas en Él por la fe. La fe viene por lo que oímos y decimos, y por eso nuestro territorio asignado se materializa o se revela ante nosotros cuando resucitamos, pues Él no nos puede dar autoridad para ejercerla en un territorio si nuestras creencias y palabras resultantes no darán vida. Su resurrección te ha dado un nuevo territorio, ha resucitado tu autoridad y tu forma de hablar.

Relaciones: Él mismo ha resucitado tu con quién y para quién. Todos los aspectos sociales de tu vida. Todos los aspectos culturales, familiares y educativos son resucitados. Te puedo asegurar que parte de su milagro de resurrección traerá nuevas personas a tu vida y aun las mismas pero con corazones sanados. Tú ya no verás la vida de la misma manera, y la resurrección te ha dado un corazón nuevo, uno que siente, piensa y actúa de forma diferente.

Amada, muy amada: sé valiente para abrazar lo que Él te da, sé valiente para soltar lo que Él te pide, sé valiente para no juzgar a los demás y sé valiente para vivir solo para Su aprobación.

Ya has resucitado, llegó el momento de avanzar, llegó el momento de experimentar el progreso divino, llegó el momento de cumplir tu diseño divino. Eres una mujer valiente que permanece, crece y avanza para la gloria de Dios.

Capítulo 13

CONSEJOS DE UNA MUJER
VALIENTE QUE YA REGRESÓ
A SU HOGAR CELESTIAL

Mi amigo Junior Zapata es un ser muy peculiar. Tiene una forma inusual de acercarte a Cristo y de encaminarte hacia la Biblia. Es un profeta con una mezcla particular, pareciera haber sido sacado del Antiguo Testamento pasando por la creatividad de Robert Zemeckis (el escritor de *Back to The Future* o *Volver al futuro*), ya que al verlo detenidamente encontrarás atisbos de Dr. Brown en él. Aunque al empezar a conversar sentirás estar sentada frente al nieto de C. S. Lewis o algún amigo cercano, en realidad muy cercano de Jesús de Nazaret. Sí, este personaje ha venido hablando de cosas que están sucediendo hoy y las dijo desde que yo usaba pañales. Tiene una forma intensa de decir las cosas, es un genio y un poeta, tiernamente fuerte y majestuosamente extraño. Así es él. Quienes lo amamos sabemos pagar el precio de estar en su pequeña pero extensa lista de amigos.

Junior es el ser creado por Dios en el vientre de doña Beatriz y don Virgilio. Cientos de miles de jóvenes hoy conocen de Cristo por estos singulares personajes de apellido Zapata. Fundadores del

Colegio América Latina en Guatemala, siguen siendo para mí una familia sobrenaturalmente natural. Mi hermano Junior me llamó un día, como es usual en él; pueden pasar meses sin tan siquiera saber si aún tiene pulso, y de repente aparecer con un mensaje que Dios le dio. No te lo dice así claro, lo más cercano será: «Vos, juntémonos tengo algo que decirte. Sip, nada de "cristianez"», en su vocabulario, pero mucha, mucha Biblia, ciencia y arte.

Así sucedió un día cualquiera en la ciudad de Liliput... eh no, quiero decir en la Ciudad de Guatemala. De repente recuerdo alguna de mis historias de infancia. Regresemos a Junior. Un día me llamó y me dijo: «Vos, tengo algo que darte». Y comprendí. Como es mandatorio para Junior, un asunto importante se discute frente a un buen corte de carne como «ojo de bife», a un término tres-cuartos, acompañada de vino Cabernet.

Así lo hicimos, disfrutas de la comida, de la bebida y, sobre todo, de este ser humano tan particular. Finalizando mi último sorbo de vino, sacó un objeto rectangular envuelto en una tela color *beige* con franjas verdes y rojas, amarrado por unas cintas hechas a mano de cortes de otra tela reciclada. Cuando lo vi, pensé: ¿Qué clase de tesoro de temporada navideña me regalará? Me intrigó. Como una buena niña exploradora, extendí mis brazos para recibirlo, pero él interrumpió mi emoción y me dijo: «No es lo que pensás. ¡No es un regalo para vos!... Ahhh pues, no te lo estoy regalando, solo te lo estoy prestando». Si esto hubiese sido una sinfonía en mi mente, estaba justamente en el *crescendo* más emotivo y conmovedor... hasta que Junior y su tierna voz irrumpieron con su particular acento guatemalteco.

Seguramente hubiera sonado como cuando el *crescendo* de las cuerdas desafina y pierde el ritmo por completo, en resumen fue un total desencanto. Pero, afortunadamente, me entregó aquel paquete misterioso. Cuando por fin desamarré el último de los nudos, estaba tan emocionaba por saber qué había adentro que en lugar de apresurarme, más me tardaba; la tela tenía aroma a tesoro, ese olor a guardado limpio, ese olor a preservado, pero sobre todo ese aroma a significado; mi olfato se ha entrenado en ello. Desdoblé las capas de aquella tela color *beige* con franjas verdes y rojas. Y allí estaba: el libro. No cualquier libro, sino aquel escrito con sangre perfecta. El libro al que yo y toda la humanidad le debía la vida. El sentido de mi existencia estaba allí, de nuevo estaba frente al Verbo encarnado, frente a Jesús. La Biblia, versión 1569, Antigua Versión de Casiodoro de Reina, Biblia anotada por el Reverendo C. I. Scofield. Publicada en 1966. Una de tantas Biblias que ella poseía, pero esta Biblia era especial, única, invaluable, un tesoro, un testamento triplemente escrito; El Antiguo, El Nuevo y las anotaciones de doña Beatriz. En la primera página había pegada una pequeña hoja con una plegaria titulada: «Mi Amado Señor Jesús», que dice así:

Yo vengo en este momento para que me restaures. Vengo a renovarte mi voto de obediencia a Ti. Vengo a recibir de Ti toda la Gracia y Misericordia que necesito con urgencia en este día.

Te rindo honor como mi Soberano Señor y rindo cada aspecto de mi vida totalmente a tu control. Te entrego mi cuerpo como un sacrificio vivo. Te entrego también mi corazón, mi mente, mi alma y mi fuerza.

Llena mi espíritu de tu perdón y restáurame a una dulce y cercana unión Contigo.

Séllame con tu Santo Espíritu y dame la fuerza para usar sabiamente la Autoridad que he recibido de Ti, sobre todo maligno que me ataque, ya sea en pensamiento, palabra u obra. Amén».

Al pie de esta oración decía, escrito a mano: «Ayúdame a grabar mis heridas en la arena y mis bendiciones en la roca».

En cada pequeño espacio en blanco en los márgenes de las hojas había notas, ideas, pensamientos, poemas, recordatorios. Mientras observaba cada página, tallada con profundas palabras escritas con tinta de lapicero de color rojo, con la particular y hermosa letra caligráfica, casi perfecta que caracterizaba a doña Beatriz, cada día encontraba un tesoro, piezas de algún papel utilizado como separador de las hojas, notas de amor que don Virgilio le había dado, o recordatorios para regresar y seguir escudriñando las Sagradas Escrituras.

Doña Beatriz, mujer piadosa, feroz, vivaz, radiante, imponente y majestuosa. Una hija de Dios, como pocas mis ojos han visto. Qué honor sentía al tener en mis manos esa Biblia. Y allí estaba yo frente al secreto de la plenitud de su vida, frente a las anotaciones que el Espíritu Santo había susurrado a su oído por tantos años, innumerables noches había acompañado su insomnio o provocado el mismo. Esa Biblia me acompañó en muchísimos momentos de mi peregrinaje por casi un año, en mis subidas y bajadas en mi trazo por aquella *V*.

Al terminar mi devocional me sentía rebosantemente inspirada y pensaba: *Una mujer así, no podía haber sido de otra forma, ella despertaba la voz de Su Amado Jesús cuantas veces fuera necesario.* Don Virgilio, no solo la comprendía, también la acompañaba. Descubrí que ese era precisamente el secreto del amor tan entrañable entre ellos. No recuerdo conocer un matrimonio tan compenetrado y vivaz como el de ellos. Tan unido y a la vez tan individual, en sus espacios tan respetados el uno por el otro. Tan fuertes y tan vulnerables, tan recia doña Beatriz y tan romántica a la vez. Don Virgilio... tan humilde y tan silenciosamente grande. ¿Cómo no iba llorar cada día de ese año que Junior me prestó la Biblia de su amada madre? Cuánta eternidad puede transmitir una vida que vive el aquí y ahora para el día de Su venida. Ellos son el mejor ejemplo que mis ojos han visto y mis brazos abrazado de una vida piadosa en la tierra para un legado eterno.

En la siguiente página encontré una hojita color rosa con la siguiente declaración:

Dios tiene una vida llena de bendición para mí:
Rica en misericordia.

Generosa en gracia.

Limpia en santidad.

Fuerte en propósito.

Abundante en bendición.

Es una vida abundante en bendición, llena de fruto, llena de amor.

Solamente compartiré lo que está escrito en las primeras tres hojas de esta Biblia, regularmente son las hojas que se utilizan como protección para las delicadas hojas impresas de las Biblias. Todas estas frases, pensamientos, ideas son anotaciones escritas por su puño y letra, algunas incluyen la fecha, otras, asumo, eran recordatorios importantes.

«Tengo todo el tiempo que necesito para hacer todo lo que Dios espera que yo haga el resto de mi vida». Escrito entre paréntesis (Dios me dio este pensamiento después del accidente en que casi me llevó el 20 de julio de 1980).

La concepción del tiempo cambió para doña Beatriz después de ese accidente, después de ese suceso. Claro está que la volvió aún más valiente.

«Que Dios me permita dar conforme a lo que he recibido, para que Dios no haga que yo reciba conforme a lo que doy».

Esta frase expresa una clara idea de la moral cristiana: dar conforme a lo que Él nos da. Porque «nuestra» capacidad de dar es tristemente limitada.

«Gracias a Dios sus contestaciones son más sabias que mis oraciones».

Esta frase no necesita explicación. Era tan característico de ella que enseñara a través de frases que calaban como clavos filosos en el alma y en la mente.

«Solo los que ven lo invisible pueden hacer lo imposible».

Un recordatorio para ver al Autor y Consumador de la fe. Una inyección de valentía pura.

«Hay que hacer lo posible para que Dios haga lo imposible».

Esta es una inspiración para dar pasos valientes.

«La obra de Jesucristo es por nosotros; la obra del Espíritu Santo en nosotros».

Las preposiciones *por* y *en* nos esclarecen el propósito de la frase, y es un recordatorio para nutrir nuestro espíritu.

«Al enfrentar la crítica, reflexionar en: Solo al árbol que tiene fruto la gente le lanza piedras. Si pienso yo en criticar a otro debo preguntarme:

1.　¿Es verdad lo que voy a decir?
2.　¿Va a ayudar a la persona?
3.　¿Se parece a Cristo lo que voy a decir?».

No creo que cuando doña Beatriz escribió esto tuviera en mente que yo lo iba a necesitar exactamente cuando su hijo me diera su Biblia. ¿Te das cuenta de la trascendencia que tiene la valentía de una mujer obediente? Tampoco sabía que sus palabras llegarían a una aspirante de escritora que publicaría sus anotaciones secretas, esas que estás leyendo tú ahora mismo. Lo que esta hermosa mujer escribió en su Biblia personal fue escrito antes de que yo naciera. Ella no sabía que lo escribía para mí y para ti.

«La Escritura dice lo que significa y significa lo que dice. Mi responsabilidad no es encontrar un valor simbólico escondido, ni espiritualizar un texto para aplicarlo a alguna situación. Mi responsabilidad es ver qué dice el texto y aprender a aplicarlo. La aplicación de la Escritura tiene tres niveles: histórico, doctrinal y devocional (personal).

Este sí que es un consejo para estudiar la Biblia. Lo he tomado para mí:

«Lo que no puedo olvidar: debo perdonar».

Escribí la misma frase en mi propia Biblia como un recordatorio diario.

«Dios debe tener toda la adoración de mi corazón, todo el poder de mi voluntad, toda la influencia de mi vida. No debo tener otra lealtad más alta».

Podría resumir el libro con esta frase.

«Los himnos de los siglos son los instrumentos supremos para conservar en la memoria la fidelidad de Dios y obligarme a enfrentar mi propia infidelidad».

Pasé cantando una media hora el himno ¡Oh tu fidelidad! después de leerlo.

Después de haber adorado con ese hermoso himno continué y me encontré con un «post-it» celeste que decía:

> **«Lo que no puedo olvidar: debo perdonar».**

«¡Lo que yo ofrendo regresa conmigo en gran bendición espiritual. Lo que gasté... lo tenía, lo que guardé... lo perdí, lo que ofrendé... lo tengo!».

Gran recordatorio cuando tenemos la tentación de «guardar», cuando enfrentamos sucesos inesperados creemos que es el tiempo para retener, y es justamente cuando Dios nos desafiará a creer y seguir siendo dadores para su reino.

«El camino más corto hacia un corazón es a través de la oración».

Tenía mucho que orar por muchas personas, así que simplemente oré.

«Dios no nos salvó para ser felices, nos salvó para ser santos!». (Héctor, marzo 03 de 1970, 5ta calle, Guatemala).

¡Boom! Que frase tan *ad hoc* para estos tiempos en los que hemos llegado a hacer de la emoción y el estado de felicidad el centro de la búsqueda humana. Salvos para ser santos... (no agregaré más).

«Jehová es mi Pastor... nada me faltará y si algo me falta es obvio que Jehová no es mi Pastor».

No supe si llorar o reír. Me sacó el aire. En esta frase particularmente me pareció escucharla. Tan directa y sin sentimentalismos pero con gran empatía, te regresaba al punto y te ubicaba sin más ni menos.

«Las locuras de la juventud son las oportunidades de Dios». (Virgilio Zapata, 1976).

Si puedo hacer referencia a una pareja que modelara la pastoral juvenil, esos eran los Zapata. Esta frase resume todo.

«El día de hoy es un frágil puente que soporta su propia carga, pero se romperá si agregas la carga de mañana».

«Resumen de mi vida:

El pasado: un registro de gratitud.

El presente: un registro de servicio.

El futuro: un registro de confianza».

Así concluyen las tres primeras hojas de la Biblia de doña Beatriz de Zapata.

> «Jehová es mi Pastor... nada me faltará y si algo me falta es obvio que Jehová no es mi Pastor».

El resto de los tesoros de esta bien usada Biblia antigua será un honor que tendrán sus hijos, nietos y todas las generaciones que desciendan de ellos. También lo tendrán cientos de miles de alumnos que podrán repetir esas frases célebres de doña Beatriz y don Virgilio.

Por ahora, también puedes deleitarte en los libros de su hijo, Junior Zapata, uno de los mejores escritores que nos ha regalado Guatemala.

Doña Beatriz es para mí un claro ejemplo de la valentía y el coraje de una mujer que respondió con gallardía como María: «Hágase en mí conforme a tu Palabra». Solo puedo dar gracias a Dios por ella y porque sus escritos aún laten fuertemente ya que reposan sobre la eternidad de las Escrituras. Me inspira; espero que mis hijos un día tengan esta experiencia de toparse con mis Biblias, bien usadas, llenas de mensajes del cielo puestos en papel. ¿Cómo quieres que tus hijos te recuerden? ¿Cómo quieres que tu familia se refiera a ti cuando partas? Dios nos permita vivir cada día para su gloria.

En memoria de doña Beatriz E. de Zapata, 16 de noviembre, 1931-02 de noviembre, 2013.

Capítulo 14

UNA MADRE VALIENTE
LANZARÁ FLECHAS
VALIENTES

No puedo terminar este libro sin antes dedicar un espacio a todas las madres valientes.

Amada amiga y compañera de mil batallas, no estás sola en esta batalla desafiante de ser madre, y quizás te corresponde ser madre sin un padre presente. Yo tengo ese desafío de lunes a viernes, y conozco los desafíos que puedas estar viviendo. Sé qué nos angustia, la economía, las necesidades afectivas; queremos cuidar sus emociones, manejar bien los cambios, etc. Queremos cuidar sus corazones como el tesoro más preciado, y a la vez necesitas cuidar del tuyo. No te olvides de esto. Si tú no estás bien, ellos tampoco lo estarán; ellos necesitan padres que estén bien y que no se conviertan en actores que tarde o temprano se desplomarán.

Lo mejor que puede hacer una madre sola es cuidar su propio corazón para poder cuidar el de sus hijos. Lo más sabio que puedes hacer es ser vulnerablemente valiente y también liderar tus emociones para revelar esa fortaleza divina; pero a su vez tener esa vulnerabilidad hermosa de una mujer que llora, ora, se seca sus lágrimas, respira fe, se pone de pie y sigue adelante; ellos necesitan una mujer que se refugie en Dios como Padre, como esposo, como hermano, como amigo, como proveedor, como líder, como jefe y, sobre todo, como su amado Señor y Salvador.

Somos hijas de Dios y flechas en Sus manos. De igual manera, seamos arcos que Dios pueda sostener para que Él sea también el Arquero perfecto de la vida de nuestros hijos. No podemos pretender lanzarlos con nuestras propias fuerzas y acertar en todo. Prefiero confiar en mi Señor valientemente y esforzarme por permanecer firme, dejarme estirar lo que sea necesario como cuerda que responde a la fuerza de su Arquero, puesto que quiero seguir siendo usada para lanzar a mis hijos al destino eterno que Él diseñó para ellos.

> *De igual manera, seamos arcos que Dios pueda sostener para que Él sea también el Arquero perfecto de la vida de nuestros hijos*

Ellos vivirán los procesos a su nivel y conforme a su edad de desarrollo, nuestro trabajo es vivir firmemente ancladas en Su Palabra y Sus promesas para que nuestra identidad firme en Él les revele la fuente de toda fortaleza.

Pero también podemos ser vulnerables de manera que les revelemos al Padre, que nos vean correr a Él siempre. Una madre que ora es una madre que llora; una madre que llora es una madre que adora; una madre que adora es una madre realizadora; una madre realizadora es una madre emprendedora; una madre emprendedora es una madre impulsadora; y una madre impulsadora es una madre que abraza y suelta, que no juzga y vive para la aprobación de Su Padre Perfecto.

Mis hijos me han visto reír, llorar, cantar, gritar y no solamente de alegría, me conocen mejor que nadie. Compartiré algunos consejos aplicables a todas las madres de diferentes estados civiles o edades:

1. Respeta su identidad y expresión a la vez que desarrollas estructuras sólidas de horarios, rutinas, ritmos y libertades dirigidas de manera coherente para su edad.

2. Reconoce la música de sus corazones, nuestros hijos no son máquinas que se programan de la misma manera, traen su propia melodía, armonía y ritmo. No los aceleres más de la cuenta y no los reprimas más de la cuenta. Deja que la vida fluya, observándolos y acompañándolos en su exploración y búsqueda de respuestas.

3. Seamos estudiantes permanentes del corazón de nuestros hijos, y observemos su diseño único en las cinco áreas del ejemplo de la mano. Piensa de igual manera en ellos, cómo estás cultivando como madre estas cinco áreas en ellos.

4. Sé intencional en nutrir su proceso V.A.L.I.E.N.T.E.S. aplicado a su etapa de vida, ayúdalos a expresar sus emociones y a hablar de lo que sienten. Trata de tener momentos alegres en el auto, en la mesa, en la hora de ir a dormir y los fines de semana.

5. Desarrolla una constitución familiar donde todos puedan ver los valores centrales del hogar y el credo de fe. Yo personalmente abrazo los cinco Solas de la Reforma de Martin Lutero: Solo la Escritura, Solo la Gracia, Solo la fe, Solo para la Gloria de Dios y Solo Cristo.

6. Ponte de acuerdo, si es posible, con el padre de tus hijos para manejar el mismo estilo de disciplina. Si no te es posible, determínalo tú con ellos y con los familiares o cuidadores que interactúen contigo y con ellos.

7. Lánzalos al blanco, confiando en que Dios es quien dirige tu fuerza y la de ellos. Recuerda, tu lingüística, tus palabras, son limitantes o potenciadoras. Decide siempre hablar bien sobre su padre, no te estoy diciendo que mientas, pero si es posible enfoca lo positivo y evita hablar de sus fallas. No debemos agregar dolor a la ausencia y tampoco mentir para explicarla. Simplemente habla la verdad en amor, cultivando una vida de perdón.

Capítulo 15

¡YA NO MÁS *TARGET PANIC!*

Diario de una arquera valiente:
¡Ya no más *target panic*!

Querido diario: escribiré para todas las amigas con quienes algún día compartiré esto. Tengo que hacerme esta pregunta: «¿Alguna vez pensaste en que podrías estar padeciendo de miedo al éxito, Kristy?». Posiblemente pienses: *¡Ey claro que no! Lo que tengo es pánico a fracasar.* Sí, las personas usualmente tememos fracasar, pero no pensamos que también tenemos temor de tener éxito.

En tiro al blanco hay un condición psicológica y neurológica experimentada por algunos arqueros que es el «miedo al blanco»; se atribuía a los niveles de ansiedad y al miedo al fracaso. Los arqueros experimentan pánico al «círculo amarillo», es decir al centro. El arquero que experimenta este pánico llega a una posición de anclaje prematuro, o la liberación prematura que es soltar la flecha sin haber anclado, también experimentan incapacidad de alinear la flecha con su objetivo. Si te das cuenta, ver el círculo amarillo que representa el centro, el blanco, acertar, tener éxito en el tiro, les produce ansiedad porque temen errar y, por lo tanto, huyen del éxito, huyen del amarillo.

Cuando mi maestra de tiro, Yessi, me explicó esto me voló la cabeza. Sabes, el color asociado a la afirmación y a mi valor es el amarillo; en mi memoria emocional, el amarillo es referencia de éxito. Cuando viví el suceso que te compartí al inicio, una de las personas que Dios usó para traer palabra de aliento a mi vida, me dijo: «Kristy, ¿por qué cada vez que oro por ti, Dios me dice: dile amarillo?». Me lo ha dicho varias veces, pero la última vez que oré por ti me dijo: «Amarillo es el color de su nueva temporada». ¡Wow! Ella no tenía forma de saber sobre ese color, tiene unas implicaciones sumamente significativas para mí. Cuando Yessi, mi maestra de tiro me explicó esto, entonces comprendí aún más. Dios me está tirando al blanco. ¡Qué poderoso puede ser vivir de manera consciente, conectadas con Dios, escuchándolo en todo lugar!

Sabes, sin darnos cuenta, hemos estado huyendo del círculo de oro, del círculo amarillo, del centro del tiro al blanco. Esto nos sucede cuando sabemos que hemos estado limitando nuestro desarrollo por temor, sabemos que merecemos darnos más, que fuimos creadas para más y mejor, pero decidimos quedarnos a ser humilladas, maltratadas, abusadas, avergonzadas, heridas y engaña-das por toda una vida. Algo tiene que estar muy mal dentro de nosotras. Sí, Jesús quiere resucitarnos juntamente con Él y quiere que muramos a toda esa enfermedad emocional que nos ha estado matando de a poco, quiere que lo llevemos a la cruz, que le permi-tamos mostrarnos el camino y que dejemos de jugar un papel de víctima o cómplice. Debemos responsabilizarnos de nuestra pro-pia vida. Mi querida compañera de vida, nadie más que tú misma puede decidir cambiar.

Seguimos pidiéndole a Dios que sea Él quien «aleje» alguien o algo hacia lo que nosotras decidimos caminar voluntariamente. A quien le sigues contestando los mensajes, a quien le permites jugar con tu mente, a quien te manipula y culpabiliza. ¡No más!

El mundo necesita adultos responsables, personas coherentes. Mujeres valientes que no se dejen usar como «barcas» que luego serán desechadas. Tienes que hartarte de vivir así. No estoy hablando de «no dejarse» como acto del orgullo, ya hablé al respecto de esta gran diferencia, estoy hablando de ratificar tu dignidad de hija de Dios a través de comprender que sacrificarte por quien amas no significa amarle tan poco y tan mal que le acompañes en su necedad y le consientas sus autosabotajes, mientras lo ves quitarse la vida a sí mismo de poco en poco y simplemente no decir ni hacer nada para que no se enoje contigo.

Se ama más y verdaderamente a una persona a la que se le responsabiliza de sus decisiones y se le entrega su voluntad propia, se le da un voto de confianza y respeto diciéndole: ahora tendrás que aprender a nadar. Yo no nací para ser un flotador. Solo existe un Salvador y definitivamente no soy yo. Entonces le dejas que aprenda a nadar porque de lo contrario uno de los dos perderá su vida siendo quien no estaba diseñado para ser.

Hemos malentendido el concepto del amor verdadero; Dios, quien es la esencia del amor, nos lo revela. Dios no posee amor, Él es amor. Su esencia eterna es amor. Y es Él quién nos modela un amor que deja en libertad, que no manipula, no coacciona, no controla, no obliga; porque el amor que no es decidido, repito, no es amor. El amor de Dios es sufrido pero hacia un propósito, no es sufrido sin razón. Te puedo asegurar que Dios interviene por amor y misericordia cuando estás tratando de ser «mesías» de alguien que es un hijo de Dios y debe regresar a su Padre. No te corresponde determinar el futuro de nadie en juicios y malos deseos. Te corresponde liberarlo y liberarte de la función que no te han asignado.

Sé fiel a tus funciones y da lo mejor que sepas dar. Nunca te arrepientas de hacer lo correcto y de pagar bien por mal. Deja de huir del éxito poniendo excusas, rompe los malditos malos hábitos. Deja de quejarte, solo hazlo. Busca el tiempo, responsabilízate de tu vida. Lidérala hacia el cambio. Sé coherente y hazlo hoy. Vive cada día. No te culpes más. Renuncia a ser víctima o cómplice. Vive en libertad. Ya no le temas al amarillo. Él es tu Arquero y no le tiene miedo al centro, te lanzará y no tiene la menor duda de acertar. Solo suéltate en Sus manos.

Él ya te ha preparado para el gran lanzamiento de tu vida, como una flecha; llegó el momento de avanzar sin miedo. Has resucitado en Cristo y la mejor temporada está por delante, tu temporada de amarillo, vístete de tu color favorito, y si quieres de amarillo, y avanza. No te detengas. Eres una mujer valiente. Somos «Valientes: las que permanecen, crecen y avanzan».

Regalo de la autora para ti: «Valiente seré»

Puedes escuchar en todas las plataformas digitales la canción inspirada en este libro: «Valiente seré», de Kristy Motta.

Escrita por *Kristy Motta* y *Milo Ochoa*
Producida por *Milo Ochoa*

El dolor me convenció que no hay mañana.
Que la vida no es más que una batalla que perderé.

Hoy mis sueños claman por salir de mi alma.
Escuchan Tu Voz y saben quién los llama.
Vida me das.

Creeré Creeré no me resignaré.
Creeré Creeré lucharé y venceré.
Creeré Creeré y valiente seré.
Creeré Creeré otra vez.

Tu amor resucitó mis esperanzas
Despertaste en mi alma la confianza para luchar por
Tu libertad.

Creeré Creeré no me resignaré.
Creeré Creeré lucharé y venceré.
Creeré Creeré y valiente seré.
Creeré Creeré otra vez.

Si camino contigo venceré, todo cobra sentido al en Ti creer.

Creeré Creeré no me resignaré.
Creeré Creeré lucharé y venceré.
Creeré Creeré y valiente seré.
Creeré Creeré otra vez.
Otra vez... Otra vez... Valiente seré.

(Puedes oirla en todas las plataformas digitales).

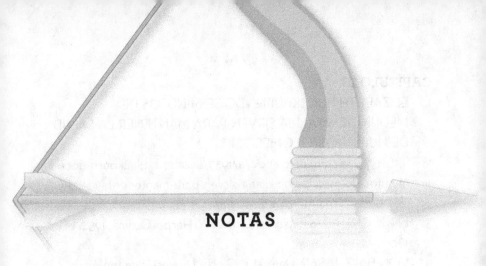

NOTAS

CAPÍTULO 1

1. Puedes escuchar en cualquier plataforma digital la canción *Respiro Fe* que escribí precisamente en momentos cuando necesitaba caminar por fe.
2. Seminario Teológico Centroamericano. Depto de Estudios Posgraduados, Tesis EL *«FIAT»* DE MARÍA EN LUCAS 1:38: IMPLICACIONES PARA EL CREYENTE, Carolina Ruiz de Chamorro (Guatemala, Guatemala, 2010).
3. Raymond E. Brown, *et al.*, *María en el Nuevo Testamento* (1982), p. 116.
4. Valdir Steuernagel, *Hacer teología junto a María* (Buenos Aires: Kairós, 2006), p. 38.

CAPÍTULO 3

1. FRANKL, VIKTOR, 1946, *El hombre en busca de sentido*, Barcelona, Editorial Herder (12. ed., 1991), p. 83.

CAPÍTULO 4

1. Will Durant, *The Story of Philosophy: The Lives and Opinions of the World's Greatest Philosophers* (1926) [Simon & Schuster/ Pocket Books, 1991 . Aristóteles
2. Puedes escuchar la canción *Sé tú el primero* en todas las plataformas digitales.

CAPÍTULO 10

1. ELIZABETH BLACKBURN: «DOCE MINUTOS DE MEDITACIÓN DIARIA SIRVEN PARA MANTENER LA SALUD DE NUESTROS TELÓMEROS»

2. https://www.quo.es/ciencia/a71939/elizabeth-blackburn-doce-minutos-de-meditacion-diaria-sirven-para-mantener-la-salud-de-nuestros-telomeros-entrevista/

3. Lewis. C. S. *Mero Cristinianismo*. NY, HarperCollins, 1952. p. 180.

4. VON BALTHASAR, Hans Urs, Gloria. Una estética teológica. 1. La percepción de la forma, Encuentro, Madrid, 1986, pp. 22-23

5. LA ORACIÓN CONTEMPLATIVA Thomas Merton Capítulo XV del libro LA ORACIÓN CONTEMPLATIVA Editorial PPC. Madrid 1996. Pág. 117

6. Henri Nouwen. El Sanador Herido, (El ministerio en un camino desestructurado) Madrid 1971, PPC Editoriales, p. 27.

CAPÍTULO 11.

1. Tamayo Acosta J.J. *Por eso lo mataron*. Trotta. 2004, pp. 170-171.

CAPÍTULO 12.

1. González, J. L. (2010) [1965]. «La teología de Martín Lutero». *Historia del pensamiento cristiano*. Barcelona: Clie. p..613.

2. Eric Metaxas, *Bonhoeffer: Pastor, Mártir, Profeta, Espía* (Grupo Nelson, 2012), pp. 478-479.

BIBLIOGRAFÍA

Betancourt, Esdras. *Introducción a la psicología pastoral*. Curso de formación Ministerial. España: Editorial Clie, 1994.

Bilezikian, Gilbert. *El lugar de la mujer en la iglesia y la familia: lo que la Biblia dice*. Grand Rapids, Michigan: Nueva Creación, 1995.

Capps, Charles. *The Tonge-A Creative Force*. Tulsa, OK: Harrison House, 1976.

Delás Segura, Eduardo. *Dios es Jesús de Nazaret: Cristología desde dentro*. Nashville, Tennessee: Grupo Nelson, 2011.

Foster, Richard. *Celebration of Discipline*. NY: Harper & Row Publishers. 1978.

Hunt June, *Biblioteca de Consejería Bíblica. Esperanza para el corazón*. TX: Hope for the Heart, 2007.

Lewis. C. S. *Mero Cristinianismo* . NY, HarperCollins, 1952.

Lewis. C. S. *El problema del dolor*. NY: HarperCollins, 1940.

Lozano Diez, Juan. *Creer en tiempos difíciles. La ciencia no apagará la llama de la fe*. España: Editorial Clie, 2016.

Pagán, Samuel. *Jesús de Nazaret: vida, enseñanza y significado*. España Barcelona: Editorial Clie, 2010.

Ruiz, Carolina. *El «Fiat» de María: implicaciones para el creyente*. Guatemala: Tesis SETECA. 2010.

Schipani, Daniel S. *Manual de la Psicología Pastoral: fundamentos y principios de acompañamiento*. Guatemala: Centro de Investigación Núñez & Taylor, 2016.

Stein, Robert H. *Jesús, el Mesías: Un estudio de la vida de Cristo.* España: Editorial Clie, 1996.

Steuernagel, Valdir. *Hacer Teología junto a María.* Buenos Aires: Kairos, 2006.

Stott, John. *Cristo, el incomparable.* Barcelona: Publicaciones Andamio, 2009.

Taylor, Guillermo; D. Van der Meer, Antonia; Reimer, Reg. *A Precio de Sangre: la misión cristiana en los contextos de sufrimiento, persecución y martirio.* Colombia: WEA, 2012.

Tozer, A. W. *Los peligros de la fe superficial.* Grand Rapids, Michigan: Editorial Portavoz, 2015.

Walvoord, John; Zuck, Roy. *El conocimiento bíblico: un comentario expositivo de Mateo, Marcos y Lucas.* Puebla, México: Ediciones Las Américas, 1996.